소크라테스의 변론, 크리톤

죽음 앞에 의연했던 외로운 철학자의 최후 진술

청소년 철학창고 37

소크라테스의 변론, 크리톤
죽음 앞에 의연했던 외로운 철학자의 최후 진술

초판 1쇄 인쇄 2018년 7월 23일 ㅣ 초판 1쇄 발행 2018년 7월 30일

풀어쓴이 이진희
펴낸이 홍석 ㅣ 기획 채희석 ㅣ 전무 김명희
책임편집 김재실 ㅣ 표지 디자인 황종환 ㅣ 본문 디자인 서은경
마케팅 홍성우·이가은·김정혜·김정선 ㅣ 관리 최우리
펴낸곳 도서출판 풀빛 ㅣ 등록 1979년 3월 6일 제8-24호
주소 03762 서울시 서대문구 북아현로 11가길 12 3층
전화 02-363-5995(영업), 02-362-8900(편집) ㅣ 팩스 02-393-3858
홈페이지 www.pulbit.co.kr ㅣ 전자우편 inmun@pulbit.co.kr

ISBN 979-11-6172-718-9 44160
ISBN 978-89-7474-526-4 (세트)

이 도서의 국립중앙도서관 출판예정도서목록(CIP)은 서지정보유통지원시스템 홈페이지(http://seoji.nl.go.kr)와
국가자료공동목록시스템(http://www.nl.go.kr/kolisnet)에서 이용하실 수 있습니다. (CIP제어번호: CIP2018020912)

소크라테스의 변론, 크리톤

죽음 앞에 의연했던 외로운 철학자의 최후 진술

플라톤 지음 | 이진희 풀어씀

Apology
Crito

'청소년 철학창고'를 펴내며

우리 청소년이 읽을 만한 좋은 책은 없을까? 많은 분들이 이런 고민을 하셨을 겁니다. 그러면서 흔히들 고전을 읽어야 한다고 합니다. 하지만 서점에 가서 책을 골라 보신 분들은 느꼈을 겁니다. '청소년의 지적 수준에 맞춰서 읽힐 만한 고전이 이렇게도 없는가.'라고.

고전 선택의 또 다른 어려움은 고전의 범위가 매우 넓다는 것입니다. 청소년 시기에는 시간과 능력의 한계 때문에 그 많은 고전들을 모두 읽을 수 없습니다. 그렇다면 어떤 책을 읽어야 할까요?

이런 여러 현실적인 어려움을 고려해 기획한 것이 풀빛 '청소년 철학창고'입니다. '청소년 철학창고'는 고전의 핵심이라 할 수 있는 '철학'에 더 많은 무게를 실었습니다. 그 이유는 무엇일까요?

사람들은 일반적으로 철학을 현실과 동떨어진 공리공담이나 펼치는 학문이라고 생각합니다. 하지만 철학적 사고의 핵심은 사물과 현상을 다양하게 분석하고 종합해서 그 원칙이나 원리를 찾아내는 것입니다. 그래서 철학은 인간과 세상에 대해 깊이 있게 생각하고, 논리적으로 종합하는 능력을 키워줍니다. 그런 만큼 세상과 인간에 대해 눈떠 가는 청소년 시기에 정말로 필요한 공부입니다.

하지만 모든 고전이 그렇듯이 철학 고전 또한 읽기가 쉽지 않습니다. 그래서 '청소년 철학창고'는 청소년의 눈높이에 맞추기 위해 선정에서부터 원문 구성에 이르기까지 많은 노력을 기울였습니다.

첫째, 책을 선정하는 과정에서부터 엄격함을 유지했습니다. 동양·서양·한국 철학 전공자들이 많은 회의 과정을 거쳐, 각 시대마다 동서양과 한국을 대표하는 철학 고전들을 엄선했습니다. 특히 우리 선조들의 사상과 동시대 동서양의 사상들을 주체적인 입장에서 비교하고 검토할 수 있도록 했습니다.

둘째, 고전 읽기의 참다운 맛을 살리기 위해 최대한 원문을 중심으로 구성했습니다. 물론 원문 읽기의 어려움을 해결하기 위해 새롭게 번역하고 재정리했습니다. 그리고 청소년이라면 누구나 어렵지 않게 읽으면서 고전이 주는 의미와 내용을 이해할 수 있도록 설명을 덧붙였고, 전체 해설을 통해 저자의 사상과 전체 내용을 다시 한 번 정리해 주었습니다.

마지막으로 쉬운 것부터 읽기 시작해 점차 사고의 폭을 넓혀 가도록 난이도에 따라 세 단계로 구분했습니다. 물론 단계와 상관없이 읽고 싶은 순서대로 읽어도 됩니다.

우리 선정위원들은 고전 읽기의 진정한 의미가 '옛것을 되살려 오늘을 새롭게 한다(溫故知新).'는 데 있다고 생각합니다. '청소년 철학창고'를 통해 자라나는 청소년들이 인간과 사물에 대한 깊은 통찰력을 키워, 밝은 미래를 열어 나갈 수 있기를 진정으로 바랍니다.

2005년 2월

선정위원 허우성(경희대 교수, 동양 철학) 윤찬원(인천대 교수, 동양 철학)
정영근(서울산업대 교수, 한국 철학) 허남진(서울대 교수, 한국 철학)
이남인(서울대 교수, 서양 철학) 한자경(이화여대 교수, 서양 철학)

들어가는 말

기원전 399년, 고대 그리스 아테네. 아고라 광장 옆에 있는 법정이 아침부터 시끌시끌하다. 사람들이 법정으로 떼를 지어 몰려가고 있기 때문이다. 오늘은 아테네의 기인(奇人) 소크라테스가 재판을 받는 날이다. 많은 배심원과 방청인들 사이에서 키 작고 못생긴 늙은이 소크라테스가 외롭게 피고인석에 앉아 있다. 그를 고발한 사람들은 혈기 왕성한 젊은이인 멜레토스와 당대 유명한 정치인인 아니토스와 리콘이다. 국가가 믿는 신을 믿지 않고 아테네의 젊은이들을 타락시켰다는 이유로 기소된 소크라테스는 결국 아테네 시민들에 의해 사형을 선고받는다.

그가 사형 집행을 기다리는 동안 그의 친구들은 감옥으로 면회를 온다. 죽마고우인 크리톤은 소크라테스의 탈옥을 위한 모든 준비를 마치고 그에게 국외로 탈옥할 것을 간곡하게 권유한다. 하지만 소크라테스는 단호하게 거절하고 '사형'이라는 아테네 시민들의 결정을 묵묵히 받아들인다. 이렇게 소크라테스가 재판에서 스스로를 변론하다가 패배하고 죽음에 이르는 과정을 밝힌 책이 《소크라테스의 변론》(이하 《변론》)과 《크리톤》이다.

시중에 플라톤 대화편의 《변론》을 '변명'이라 번역한 책도 많다. 그렇다면 재판에서의 그의 주장은 변론일까 아니면 변명일까? 소크라테스의 변론은 고대 그리스 아테네의 재판에서는 결국 실패한 변명으로 끝이 났으니 변명이 맞다는 주장도 일리가 있다. 그의 말은 배심원들의 마음을 움직이지 못해 소크라테스는 재판에서 지고 결국 사형을 선고받았기 때문이다. 하지만 소크라테스의 변론에는 그가 오랫동안 사색하며 얻은 철학적 소신과 평생 일관되게 지녀 왔던 올곧은 신념이 고스란히 담겨 있기에 그것은 '변론'이 맞지 않을까?

소크라테스에 대해서는 해석하는 사람에 따라 다양한 시선이 있다. 특히 그가 오늘날 우리가 지극히 당연하다고 판단하는 민주정을 비판했기 때문에 더욱 그럴 것이다. 하지만 우리가 간과할 수 없는 단 하나의 진실은 다수의 횡포, 특히 여론이나 물리적인 힘에 의한 횡포에 소크라테스가 결코 굴하지 않았고, 《변론》은 여론에 쉽게 휩쓸리는 사람들을 도리어 안타까워하던 소크라테스의 힘겨운 항변이라는 것이다. 그런 그의 모습을 볼 때마다 누군들 그의 외로운 행보를 위로하며 곁에서 힘껏 응원해 주고 싶은 생각이 들지 않겠는가. 오늘의 세상에도 여전히 많은 소크라테스들이 있을 테니까.

소크라테스가 사형을 선고받은 뒤, 자신을 고발한 사람들과 자신에게 사형을 선고한 배심원들을 향해 던진 마지막 말은 훗날 서양 철학사에서 찬연히 빛을 발할 그의 존재를 가늠케 한다.

"여러분, 이제 떠날 시간이 되었군요. 여러분은 집으로, 나는 죽으러 가겠지요. 하지만 누가 더 옳은 길을 가고 있는지… 단지 신만이 아실 겁니다."

《변론》은 재판 과정에서는 외로운 외침이나 궁색한 변명이라고 치부되었을지 모르지만 평생 올바름을 찾아서 양심을 지키며 살아간 철학자의 삶에 대한 당당한 변론이었기에 철학사의 명저로 꼽히는 것이 아닐까?

부족한 내용을 검토해 주신 채희석 님, 김재실 님, 차일피일 원고 마감을 여러 해 넘겼음에도 불구하고 이해해 주신 홍석 사장님을 비롯한 풀빛 가족들께 이 자리를 빌려 깊은 감사를 드린다.

2018년 6월
이진희

• '청소년 철학창고'를 펴내며 _ 5
• 들어가는 말 _ 7
• 주요 인물에 대하여 _ 11

소크라테스의 변론

본문을 이해하기 위한 사전 지식
    1) 소크라테스의 재판 과정 _ 24
    2) 재판의 시대적 배경 _ 25
    3) 아테네의 법정 _ 28

Ⅰ. 법정에 선 소크라테스
    1. 소크라테스, 일흔의 나이에 법정에 서다 _ 33
    2. 고발자들을 두 부류로 나누다 _ 40

Ⅱ. 오랜 선입견과 편견에 대한 변론
    1. 아리스토파네스의 《구름》에서 비롯된 선입견에 맞서다 _ 47
    2. 대가를 받고 젊은이들을 가르쳤다는 오해에 대해 해명하다 _ 56
    3. 왜 신탁은 소크라테스보다 더 현명한 자는 없다고 응답했을까 _ 63
    4. 신탁의 참뜻을 구하고자 정치인들을 만나 캐묻다 _ 69
    5. 현자라고 생각되는 시인들을 만나 논박을 펼치다 _ 74
    6. 장인들을 만나 캐물으며 신탁의 참뜻을 깨닫다 _ 78
    7. 자신에 대한 비난과 칭송의 이중적 평가에 대해 논하다 _ 82

Ⅲ. 멜레토스, 아니토스, 리콘의 고발에 대한 변론
    1. 법정에 서게 된 고발 이유를 밝히고 변론에 임할 것을 다짐하다 _ 91
    2. 젊은이들을 타락시켰다는 주장에 대해 변론하다 _ 95
    3. 국가가 믿는 신을 믿지 않는다는 것에 대해 반박하다 _ 103
    4. 오해와 질시로 인해 생긴 자신에 대한 선입견을 변론하다 _ 113
    5. 자신의 소명이 철학하는 일이라 밝히다 _ 120
    6. 아테네라는 말 등 위에서 등에로서의 삶을 살다 _ 126
    7. 평생 다이몬의 명령에 따라 살다 _ 131
    8. 오래 살기를 원한다면 공적인 일을 하지 말 것을 권하다 _ 133
    9. 캐물음은 젊은이들에게 즐거움을 주었을 뿐 이들을 타락시키지는 않았다 _ 140
    10. 동정을 구하지 않고 당당히 배심원들과 신께 판결을 맡기다 _ 144

IV. 유죄 판결을 받은 이후의 변론
　　1. 유죄 판결을 받았지만, 영빈관에서 받는 식사 대접이 마땅하다 _ 155
　　2. 벌금 30므나를 제안하다 _ 159

V. 사형 선고를 받은 이후의 진술
　　1. 사형에 투표한 사람들에게 마지막 말을 남기다 _ 168
　　2. 벌금형에 투표한 사람들에게 마지막 말을 남기다 _ 173
　　3. 모두에게 부탁을 남기고 작별 인사를 하다 _ 178

크리톤

I. 소크라테스를 찾아와 탈옥을 권유하는 크리톤
　　1. 친구여, 이제 그날이 다가온 듯하네 _ 187
　　2. 오늘이 가기 전에 어서 탈옥하게나 _ 191
　　3. 다른 나라로 가는 것을 두려워하지 말게 _ 195
　　4. 아이들의 양육과 교육을 위해서라도 국외로 탈출하게나 _198
　　5. 친구들의 소극적인 대처로 자네를 구해 내지 못해 안타까웠네 _ 200

II. 크리톤의 탈옥 권유에 대한 소크라테스의 답변
　　1. 죽음이 두려워 평생 지녔던 삶의 원칙을 내팽개쳐서는 안 되네 _ 205
　　2. 많은 사람의 의견에 따라 사는 것이 옳은지 살펴보세 _ 207
　　3. 다수의 견해보다 전문가 한 사람의 의견이 더욱 중요하네 _ 210
　　4. 그저 '사는 것'보다 '훌륭하게 사는 것'을 중히 여겨야 하네 _ 215
　　5. 고의로 올바르지 않은 짓을 해서는 결코 안 되네 _ 219
　　6. 합의한 것이 옳은 것이라면 우리는 이행해야 하네 _ 224

III. 의인화된, 법률 및 시민 공동체와 나눈 대화
　　1. 재판의 결과에 불복하는 것은 옳지 않네 _ 229
　　2. 암묵적 동의에 의해 조국에 살 것을 맹세했다면 조국의 법에 따라야 하네 _ 236
　　3. 다른 지역으로 도망쳐서 사는 삶은 모두에게 해가 될 뿐이네 _ 241
　　4. 올바르게 사는 것을 중히 여겨야 하네 _ 245

• 소크라테스, 진리를 위해 순교하다 _ 249
• 플라톤 연보 _ 276

주요 인물에 대하여

소크라테스(Socrates) : 기원전 470년?~기원전 399년

고대 그리스 아테네에서 석공(石工)인 아버지와 산파인 어머니 사이에서 태어났다. 아마도 소크라테스는 아버지의 직업적 재능을 배웠을 테지만 석공을 업으로 삼았다는 기록은 남아 있지 않다. 그는 아테네 민주주의의 황금기인 페리클레스(Perikles) 시대를 유년 시절에 보내면서 직접 아테네 민주주의를 지켜보았으며, 중장 보병으로 펠로폰네소스 전쟁에 참전하여 나라를 지키는 데 공을 세우기도 했다. 하지만 그는 평소에는 남루한 옷차림으로 거리를 다니면서 젊은이들과 철학적 토론을 즐기며 사색에 잠기는 일이 많았고, 경제적 부에 연연하지 않는 소박한 삶을 살았다. 그의 주변에는 다양한 계층의 제자들이 모여들었다. 그는 그들에게 올바르게 살 것을 강조했으며 정신적 가치를 중히 여겨야 한다고 역설했다. 당시 변론술을 가르쳐 세속적인 명예와 부를 누렸던 소피스트(sophist)와는 달리 소크라테스는 가르침의 대가로 금전을 받지 않았다.

하지만 말년에 민주정파와 귀족정파 간의 정치적 소용돌이에 휩쓸리게 된다 아테네 동맹과 스파르타 동맹 간의 전쟁인 펠로폰네소

스 전쟁에서 아테네 동맹이 패배하자 귀족정파가 잠시 힘을 얻어 과
두정을 수립했으나, 다시 세력을 회복한 민주정파들은 과두정을 와
해시키고 소크라테스를 귀족주의의 전형으로 여겨 처단하고자 했다.
소크라테스가 현실 정치에 직접적으로 참여하지는 않았지만 그의 사
상이 귀족주의를 옹호하고 민주주의를 비판하는 것처럼 여겨졌기 때
문이다. 그뿐만 아니라 그에게 영향을 받았던 친구들과 제자들 중 알
키비아데스, 크리티아스 등 상당수가 귀족주의 정파에 속해 있었고
그들이 과두정의 주역이었기 때문이다. 결국 소크라테스는 국가가
인정하는 신을 믿지 않았고 아테네의 젊은이들을 현혹시켰다는 죄목
으로 고발당해 사형 판결을 받아 일흔의 나이에 생을 마감하게 된다.

크리톤(Kriton) : 기원전 470년?~?

　소크라테스와 같은 나이로, 어릴 때부터 소크라테스와 친구이면서
같은 마을에서 살았다. 철학적·학문적 소양은 별로 없는 평범한 시
민이다. 하지만 소크라테스를 위해 마음으로나 물질적으로나 최선을
다해 헌신하는 후원자를 자처했다. 소크라테스가 재판에서 돈이 없
어 1므나의 벌금밖에 제안할 수 없음을 알고 바로 30므나를 제안하
라고 그에게 말한다. 그것은 자신이 물질적 보증을 서겠다는 뜻이다.
그는 소크라테스의 사형을 안타까워하며 다른 나라로 탈출시키기 위
해 만반의 준비를 갖추어 놓고, 사형 집행 전날 그를 찾아가 여러 가

지 이유를 들어 탈옥을 권유한다. 이 내용은 《크리톤》에, 그가 소크라테스와 아들 교육 문제를 논의하는 내용은 《에우티데모스》에, 소크라테스가 독배를 마시던 마지막 날, 그와 그의 아들이 함께 마지막 임종을 지켜봤던 내용은 《파이돈》에 잘 나타나 있다.

플라톤(Platon) : 기원전 428년?~기원전 347년

귀족 출신으로 고대 그리스의 철학자이자 소크라테스의 제자다. 문학에 관심이 있어 시를 쓰던 그는 소크라테스를 만나고부터 철학에 관심을 가지게 되었고, 소크라테스의 재판을 계기로 현실 정치에 염증을 느껴 정치에 무관심해졌다. 40세경 아테네 외곽 지역에 '아카데미아'라는 학교를 열어 후학 양성에 힘썼으며 30편이 넘는 대화편을 저술했다. 피타고라스, 파르메니데스, 헤라클레이토스 등의 영향을 받았으며, 유물론자인 데모크리토스의 사상과 대립했다. 그는 이데아(idea)의 세계와 현실의 세계를 구분하는 이원론적 세계관을 주장하면서, 현실의 세계는 감각적 경험에 의해 파악할 수 있지만 이데아의 세계는 오직 이성을 통해서만 파악할 수 있다고 보았다. 그에 따르면, 이데아의 세계는 절대적이고 영원하며, 우리가 경험하는 현실은 이데아의 그림자이고 모상(模相)이다. 인간은 완벽하지 못한 육체를 가지고 태어나 한계를 지닌 존재지만, 절대적이고 완벽한 이데아이 세계를 인식하는 철학적 삶을 통해 이상적 삶에 도달할 수 있다고 보았다. 또한 선(善)의 이데아를 인식하고 실현할 수 있는 이상적 인간을 철인(哲人)이라고 불렀으며, 이상적인 국가를 실현하기 위해서는 철인이 국가를 다스려야 한다고 보았다.

아리스토파네스(Aristophanes) : 기원전 448년?~기원전 380년?

아테네 민주주의의 최대 전성기인 페리클레스 시대에 생존했던 희극 작가다. 그의 작품은 44편이 알려져 있으나, 완전한 형태로 전해지는 것은 그중 11편 정도이다. 최초의 작품은 《연회의 사람들》이며, 그는 작품의 대부분을 펠로폰네소스 전쟁 기간 중에 썼다. 그는 작품을 통해 주로 현실을 풍자했으며, 새로운 철학, 소피스트, 신식 교육, 전쟁, 데마고그(선동 정치가)를 비판했다. 특히 그의 희극은 디오니소스 제전에 상연되어 여러 차례 수상하기도 했다. 《연회의 사람들》과 《바빌로니아 사람들》을 통해 신식 소피스트 교육과 선동가인 클레온을 비웃으며 건전한 보수주의자로서 인기를 모은 그는, 《아카르나이의 사람들》에서 전쟁 때문에 빈곤해진 농민의 편을 들어 평화를 제창하고 클레온을 풍자하여 디오니소스 제전에서 1등을 했다. 《기사》에서 재차 클레온을 공격했고, 《구름》에서 소크라테스를 도마 위에 올려놓고 그의 교육을 비난했다. 《벌》을 상연하여 배심 제도를 비판했다. 그는 작품을 통해 이성과 상식에 부합하는 건전한 비판을 했다기보다 풍자와 비유로써 군중들의 심리를 자극하여 대상을 조롱하고 비난했다. 그 대상이 된 대표적인 사람이 소크라테스였다. 그는 《구름》에서 "소크라테스라는 한 현자가 하늘 높이 떠 있는 우주의 천체들이나 구름 등에 대해 쓸데없이 골똘히 생각하며 지하의 온갖 것에 대해 탐사한다."라고 하면서 이를 연극 무대에 올려 소크라테스를 우스꽝스러운 사람으로 묘사하고, 만인 앞에서 조롱거리로 만들었다.

멜레토스(Meletos) ?~?

아테네의 젊은이로 소크라테스를 직접 고발한 인물 중 한 명이다. 아테네에는 오늘날과 같은 검사나 변호사 등의 법률가가 없어 고발자와 피고발자가 직접 법정에서 자신의 주장을 펼쳐야 했다. 따라서 젊은이들 중에는 유명한 사람을 고발해서 그와 법정에서 직접 대적함으로써 자신의 이름을 널리 알리려 하는 사람들이 있었다. 아마도 그런 이유로 멜레토스는 당시의 정치인이었던 아니토스, 리콘 등과 함께 소크라테스를 고발했을 것이라 추측된다. 정치가인 아니토스는 민주 정치를 반대하던 소크라테스를 처단하고 싶었지만 직접 앞장서는 것이 다소 꺼려졌는지 치기 어리고 혈기 왕성한 멜레토스를 이용하여 자신의 정치적 목적을 달성하고자 했다.

아니토스(Anitos) ?~?

아테네 동맹과 스파르타 동맹 간의 전쟁인 펠로폰네소스 전쟁에서 아테네가 스파르타에 패하자, 아테네 민주주의는 쇠락의 길을 걷게 되었다. 이때 스파르타의 조종을 받으며 등장한 30인의 참주들은 아테네 시민들을 가혹하게 통치했다. 아니토스는 이러한 독재 정치에 대항하여 싸운 대표적인 민주 투사로 아테네 민주주의를 회복할 수 있게 한 시민 영웅이었다. 그는 참주들이 지배한 독재 정권에 모든 재산을 몰수당했음에도 불구하고 정치적 세력을 얻은 이후에 시민들의 화합을 위해 그들에게 보복을 감행하지 않았다. 하지만 자신의 아들이 소크라테스 문하에 들어가 그의 가르침을 받는 것을 탐탁지 않게 여겼고 자식을 교육하는 방법에 관해 소크라테스의 충고까지 듣게 되자 발끈하여 소크라테스에게 강한 반감을 갖게 된다. 또한 민주주의를 강하게 비판한 소크라테스를 멜레토스, 리콘과 더불어 고발하여 결국 그의 사형 선고를 이끌어 내는 주역이 된다.

솔론(Solon) : 기원전 640년?~기원전 560년?

그리스 7현인(七賢人) 중 한 사람이다. 그리스에서 사회·정치적으로 탁월한 업적을 남긴 일곱 명을 골라 7현인이라 불렀다. 이 7인은 주장하는 사람에 따라 다르기도 하나 탈레스, 비아스, 피타코스, 솔론은 거의 공통적으로 들어간다. 솔론은 명문 집안 출신으로 경제적 형편은 중류 이상이었다. 그는 살라미스섬의 정복과 관련하여 기원전 600년경에 메가라와 싸워 이긴 전쟁 영웅으로 대다수 시민들의 존경을 한 몸에 받고 있었다. 이를 기회로 기원전 594년, 집정관 겸 조정자로 선출되어 정권을 장악했다.

당시 사회는 경제적으로 빈부 차이가 극심했는데, 여기서 파생되는 문제점을 개선하기 위해 솔론은 흔히 '솔론의 개혁'이라 불리는 일대 개혁을 과감히 실시했다. 아테네 시민을 재산에 따라 네 등급으로 나누어 차등적인 권리를 부여한 것이 그 핵심이었다. 그는 채무를 갚지 못해 노예가 된 사람들을 해방하고 향후 이를 금지하는 조치를 단행하여 빈곤한 사람들의 어려움을 덜어 주고자 노력했다. 도량형을 정리하여 개정하고, 다른 나라에서 수공업자를 초청했으며, 올리브 이외의 농산물 수출을 금지하는 등 경제적인 여러 개혁도 단행했다. 그러나 부자와 빈민 양쪽에서 모두 공격을 받아 어려움을 겪었다. 빈자들은 토지의 재분배를 기대했으나 이는 실현되지 못했고, 부자들은 채무 변제를 통한 노예 해방 정책으로 노예를 대다수 잃었기 때문이다. 말년에는 페르시아와 벌인 전쟁의 영웅이자 친구인 페이시스트라토스가 참주가 되려는 야심을 가진 것을 알고 이를 폭로하기도 했다. 아테네 민주정의 출발 단계에서 활약했다.

클레이스테네스(Cleisthenes) : 기원전 570년?~기원전 508년?
고대 그리스의 명문 귀족 집안 출신으로 철학자이자 정치인이다. 기원전 510년 히피아스를 쫓아내고 참주정에 마침표를 찍은 아테네 민주정의 설립자로 불린다. 그는 혈연 중심의 귀족적인 네 개의 부족 체제를 자연적으로 구성된 마을을 의미하는 데모스를 근간으로 열 개의 지역 부족으로 개편해서 시민 중심의 민주 정치를 실현하는 기반을 마련했다. 아울러 모든 시민에게 평등한 참정권을 부여하고 도편 추방제를 실시하여 참주의 등장을 막고자 했다. 도편 추방제란 일종의 위험인물을 추방하기 위한 투표 제도인데, 비밀 투표를 통해 국가에 해를 끼칠 수 있는 위험인물의 이름을 오스트라콘이라고 하는 도자기 조각에 적도록 하여 6000표 이상이 나오면 그 사람을 추방하는 제도를 말한다. 기원전 487년~기원전 485년에 처음 실시되었으나 점차 정치적 경쟁자를 추방하는 방법으로 악용되어 나중에는 폐지되었다.

페리클레스(Perikles) : 기원전 495년?~기원전 429년

클레이스테네스와 친척지간이었다. 어릴 때 소피스트로부터 교육을 받았으며 특히 그의 탁월한 웅변 실력은 따라갈 사람이 없을 정도였다. 그는 보수파와 개혁파가 대립할 때 에피알테스와 함께 개혁파의 선두에 서서 정치 개혁을 감행했다. 빼어난 용모, 덕스럽고 훌륭한 인품을 갖추었다고 알려져 있다. 철학자 아낙사고라스, 예술가인 소포클레스, 피디아스 등과의 친분이 두터웠다. 에피알테스가 정적에게 살해당하고 아테네가 해상 강국이 되는 데 큰 공을 세운 키몬

이 반란군 진압에 실패하며 도편 추방되자, 정치계에서 페리클레스의 지도권은 확고해졌다. 정치 개혁에 박차를 가해 아테네를 민주주의 전성기로 이끈 위대한 정치가로 평가받는다. 말년에 아테네에 유행한 질병에 걸려 병사했다.

알키비아데스(Alkibiades) : 기원전 450년?~기원전 404년

아테네의 정치가, 웅변가, 장군이다. 스캄보니다이 데모스 출신이다. 그는 펠로폰네소스 전쟁 후반기에 전략가, 군사 지도자, 정치가 등 다재다능한 인물로 활약했지만 경솔한 성격으로 비판받기도 했다. 펠로폰네소스 전쟁 도중에는 자신의 정치적 신조를 여러 번 바꾸어 비판받기도 했다. 공격적인 외교 정책에 동조하여 시칠리아 원정을 주장했는데, 이때 정치적인 적들이 그에게 신성모독의 혐의를 씌우자 스파르타로 도망쳤다. 스파르타에서는 전략 조언자로 활동했으며, 아테네로 대규모 공격 작전을 감행하도록 제안하고 지도했다. 그러나 그는 스파르타에서도 강력한 정적으로 인해 페르시아로 도망쳐야만 했다. 하지만 페르시아에서 활동하다가 아테네의 동맹국들이 그를 소환하자 귀국했다. 그 뒤 아테네의 장군으로 수년간 봉직했지만 정적들에 의해 또다시 추방당하기도 했다. 여러 번의 정치적 소신 변경, 귀족정을 옹호하고 민주정을 반대한 그의 전력으로 인해 그와 친분이 있었던 소크라테스는 재판에서 어려움을 겪게 된다.

프로타고라스(Protagoras) : 기원전 485년?~기원전 410년?

그리스 아브데라에서 태어났다. 대표적인 소피스트로 그리스 전역을 다니며 활동했다. 그는 교사, 사상가로 존경받았고 부와 명성을 함께 누렸다. "인간은 만물의 척도다."라는 말을 통해 개인의 감각적 경험이 지식의 근원이며, 세상 모든 것에 대해 판단하는 것은 개인이라는 점을 강조했다. 그에 따르면, 절대적인 진리나 윤리는 존재하지 않으며, 개인에 따라 올바름에 대한 평가도 달라질 수 있다. 하지만 절대적 진리를 의심한 탓에 신에 대한 불경죄가 적용되어 말년에 아테네에서 추방당하고 그가 쓴 책이 불살라지게 되었다.

고르기아스(Gorgias) : 기원전 483년~기원전 376년

이탈리아 시칠리아섬의 레온티니에서 태어났다. 《존재하지 않는 것 혹은 자연에 관하여》에서 "존재하는 것은 없다. 설령 존재하더라도 알 수 없다. 안다고 하더라고 그것을 남에게 전달할 수 없다."라는 논리로 진리에 대한 회의주의적 성향을 보였다. 특히 웅변술로 유명했던 그는 레온티니의 외교 사절단 대표로 선출되어 기원전 427년 아테네에 파견되었다. 그리고 탁월한 연설로 아테네 의회와 시민들을 감동시켰다. 당시 대다수의 다른 소피스트들처럼 그리스 전역을 돌아다니며 자신의 철학과 웅변술을 가르쳤다. 다양한 분야에 박식했던 그는 유려하고 고상한 문체를 즐겨 사용했다고 전해진다.

아이스킬로스(Aeschylos) : 기원전 525년~기원전 456년

고대 그리스의 귀족 가문 출신으로 비극 시인이다. 젊어서부터 작품 활동을 했으나 40세가 지나서야 유명세를 타게 되었다. 모두 90여 편의 비극을 쓴 것으로 알려졌으며 그리스 전역에 명성을 떨쳤다. 현재는 《오레스테이아》, 《페르시아 사람들》 등 7편의 비극이 남아 있다. 아테네가 페르시아와 전쟁을 벌이고 있을 때 그는 마라톤과 살라미스 전쟁에 직접 참여하기도 했다. 인간의 정의와 신의 정의가 동일하다는 주제로 작품을 구성했고 특히 장엄한 합창단의 노래를 바탕으로 전체 극의 분위기를 살렸다는 평가를 받는다.

에우리피데스(Euripides) : 기원전 484년?~기원전 406년?

그리스 아테네 출생으로 아이스킬로스, 소포클레스와 더불어 그리스 3대 비극 작가 중 한 명이다. 그는 인간의 정념이나 사랑의 정열을 묘사함으로써 비극을 보편화하고 또한 세속화했다. 특히 여성 심리를 매우 섬세하게 묘사했다. 92편의 작품을 썼으나 현재까지 알려진 것은 《메데이아》, 《타우리스의 이피게네이아》 등 18편이다. 생전에는 어렵고 힘들게 살았지만 사후에 그의 명성은 빛을 발했고 후세 문학에 지대한 영향을 끼쳤다.

| 일러두기 |

1. 이 책은 1995년 Oxford University Press에서 출판한 *Apology*와 1988년 Cambridge University Press에서 펴낸 *Crito*를 주된 텍스트로 삼았으며, 국내 번역본 중에서는 2003년 서광사에서 펴낸 《에우티프론, 소크라테스의 변론, 크리톤, 파이돈 : 플라톤의 네 대화편》 (박종현 옮김)을 참고하였다.
2. *Apology*와 *Crito*는 원래 목차가 없으나, 독자의 이해를 돕기 위해 내용 순서에 따라 주제를 정하여 목차를 구성하였다.
3. 내용을 쉽게 이해할 수 있도록 각 장 앞에 내용에 대해 개괄해 놓았으며, 원문 내용 중 지나치게 축소되었거나 상징적인 부분에 대해서는 원문 아래에 부가 설명을 자세히 달았다.

소크라테스의 변론

본문을 이해하기 위한 사전 지식

1) 소크라테스의 재판 과정

소크라테스 재판 과정을 시간 순으로 정리하면 다음과 같다. 《변론》에 해당되는 내용은 이 중 초록색으로 처리된 부분만이다.

멜레토스, 아니토스, 리콘의 소크라테스에 대한 기소 내용

소크라테스의 반박 (자신에 대해 오랫동안 형성된 편견에 대한 반박, 고발자들의 기소 내용에 대한 반박)

고발자로서 멜레토스는 사형을 요구함

피고발자로서 소크라테스는 벌금형을 제안하면서 변론을 함

배심원의 투표 결과 사형으로 결정

사형 결정 이후 마지막 진술

소크라테스의 사형 집행

2) 재판의 시대적 배경

흔히 고대 그리스 아테네를 민주주의의 기원으로 삼는다. 하지만 아테네도 처음부터 민주주의 체제였던 것은 아니다. 처음에는 왕이 다스리다가 점차 귀족정으로 변화했고 그러다가 기원전 7세기경부터 민주정이 자리 잡기 시작한다. 그 이유는 상공업이 발달함에 따라 농민들은 토지를 상실하여 노예로 전락하게 되고, 대토지를 소유한 귀족에 대한 시민들의 불만이 급증해 귀족과 평민 간의 갈등이 심화되자 이를 해결하기 위해 비로소 민주적인 개혁 조치가 등장했기 때문이다.

기원전 7세기 초 솔론이 등장해 가난한 사람들의 채무를 면제해 주는 것을 골자로 하는 일련의 개혁이 시작되었다. 그리고 클레이스테네스는 기존의 씨족 중심의 사회를 출신 지역에 따른 10부족으로 개편하여 지역 중심의 시민 사회로 변모시켰다. 그리고 각 부족당 50명씩을 추첨으로 선발하여 창설한 1년 임기의 500인 협의회를 민주 정치의 추진체로 삼음으로써 민주 정치의 토대를 마련하였다.

그러던 중 기원전 5세기 초부터 그리스에 대한 페르시아의 침략이 여러 차례 감행되었다. 기원전 490년 침공 때에는 마라톤에서 아테네 군대가 스스로의 힘으로 적군을 물리칠 수 있었다. 이어 기원전 480년~470년 페르시아 침공 때에는 살라미스 해전에서 아테네 해군이

승리함에 따라 전쟁에 쐐기를 박았다. 이 두 차례의 승리로 아테네는 자국의 민주 정치에 자신감을 갖게 되었다. 특히 살라미스 해전에 자발적으로 참전해 전공을 세운 다수의 시민들은 정치적 발언권을 요구했고, 결국 그들에게까지 참정권이 확대되어 아테네 민주 정치가 궤도에 오르게 되었다.

살라미스 해전 이후 아테네는 기원전 478년, 그리스의 여러 폴리스를 연합하여 델로스 동맹을 체결하고 그 맹주가 되었다. 이 동맹의 체결 시점부터 펠로폰네소스 전쟁이 시작된 기원전 431년까지 아테네는 민주 정치가 제도화되고 경제적 번영을 누리면서 황금기를 누렸다. 이때 아테네는 여러 나라로부터 학자와 예술가들이 모여들어 학문과 예술의 중심지가 되었는데, 소크라테스, 플라톤 등의 철학자와 비극 시인인 아이스킬로스, 소포클레스, 에우리피데스, 희극 작가 아리스토파네스 등이 등장한 시기도 바로 이때였다. 이 무렵 정치적으로는 페리클레스가 등장하여 아테네 민주 정치는 활짝 꽃을 피우게 된다. 하지만 《펠로폰네소스 전쟁사》를 지은 역사가 투키디데스가 "고대 그리스는 사실상 페리클레스가 '첫째가는 시민'으로 통치한 1인 독재 시대였다."라고 표현한 것처럼 민주정 자체의 문제점이 드러나기 시작한 시점이기도 했다. 페리클레스는 도편 추방을 통해 정치적인 적을 내쫓았는데, 이 때문에 억울하게 추방당한 사람들이 늘어났다. 도편 추방이란 사실상 정적을 제거하기 위한 일종의 여론몰이였다. 이 중심을 이룬 대표자 2인은 페리클레스와 그의 동지인 에피알데스였다. 그런데 개혁파에 반대한 세력들은 에피알테스를 암살해 버렸다. 그러고 난 뒤 페리클레스가 죽을 때까지 아테네는 그의 독무대나 다름없었고, 제도적으로는 민주제였으나 그가 마음먹으면 못하는 것이 없던 시절이기도 했다.

　여기에 페르시아 전쟁 후 재침략에 대비하기 위해 국제기구가 필요하다는 여론이 등장함에 따라 아테네를 중심으로 하는 델로스 동맹이 형성되었다. 동맹국들은 각자 일정한 분담금을 냈는데, 아테네는 그 돈을 그리스 전체를 방어하는 데 쓴다는 명분을 내세웠지만, 실제로는 아테네의 함대를 건조하고 유지하는 데 쓰는 등 사실상 아테네의 국고(國庫)처럼 사용하였다. 이러한 아테네의 독단적인 맹주 체제에 대해 다른 도시 국가들의 불만은 계속해서 커져만 갔다. 결국 일부 도시 국가들은 스파르타를 중심으로 펠로폰네소스 동맹을 맺고 아테네를 중심으로 한 델로스 동맹과 대립각을 세우다가 결국 전쟁을 벌이게 된다. 이 전쟁이 바로 펠로폰네소스 전쟁이다. 27년 동안 계속된 이 전쟁에서 기원전 404년 스파르타가 승리하자 아테네는 점령당한 다음 한동안 민주정이 중단되고 30인의 과두정이 수립되었다. 하지만 시민들의 반발과 저항으로 이는 오래가지 못했고, 다시 민주정으로 복귀되었다.

　이렇게 아테네는 민주정→과두정→민주정이라는 정치적 격변을 거친 뒤였기 때문에 정치적으로 매우 불안정했고, 소피스트가 난무했으며, 사회·경제적으로도 쇠락하고 있었다. 당시 집권한 아니토스를 비롯한 민주정파는 전쟁 이후 쇠락해진 아테네의 체제를 정비해 나가고자 했다. 그런데 거리에서 시민들과 어울리는 소크라테스의 행적은 비록 서민적이었지만 그가 내세운 것은 민주정을 반대하고 귀족정을 옹호하는 내용이었다. 이 때문에 소크라테스의 영향력이 커지면 커질수록 그들은 더욱 경계하려고 들었다. 그리고 결국 아니토스는 소크라테스를 고발함으로써 귀족정을 부활시키려는 세력에게 경종을 울리고자 했던 것이다.

3) 아테네의 법정

고대 아테네의 법정은 오늘날의 법정과는 사뭇 달랐다. 아테네 법정은 차분하고 정숙한 가운데 고발인들과 피고발인들의 진지한 주장이 오가는 장소가 아니었다. 오히려 서로 자신의 입장을 대변하기 위해 온갖 방법이 다 동원되는 곳이었다. 그래서 늘 어수선하고 떠들썩했다.

법정에는 오늘날처럼 판결을 내리는 판사가 없었고 그와 유사한 역할을 하는 배심원들이 있었다. 배심원들은 일반 시민 중에서 매년

대략 6000명 정도 선발되었다. 재판이 열리게 되면 이들 중 추첨에 의해 적게는 수백 명에서 많게는 수천 명에 이르기까지 배심원으로 선정되었다. 그들은 법정에 참석해서 피고발인의 유무죄를 심판하고 그의 형량을 결정했다.

소크라테스 재판의 경우, 30세 이상의 평범한 시민 500여 명이 배심원으로 구성되었고 더불어 방청객까지 있었다. 그리고 법정의 위치가 아고라와 아테네 시장과 인접한 곳이어서 더 시끌벅적했을 것으로 보인다. 방청객들은 칸막이를 사이에 두고 배심원들 및 소송 당사자들과 분리된 곳에 앉았다.

배심원들의 경우 재판의 형량을 결정할 만한 법률적 역량과 자질을 갖추지 못했다. 시민들로 구성된 이들 대부분은 배심원의 수당으로 받을 수 있는 적은 돈이나마 아쉬워서 모인 가난한 노인들이었다. 물론 시민 대부분이 농부였던 당시 상황을 고려해 볼 때, 그런 아테네의 인구 구성이 반영되어 배심원 중에서도 농부가 많았을 것이다. 따라서 배심원들에게 전문적인 법률적 식견을 기대하는 것은 애초부터 무리였다. 법정 안은 때로는 시끄러운 입담이 오가기도 했고, 피고발인들은 배심원들의 동정심을 자극하기 위해 법정에서 목 놓아 울기도 했다. 종종 나이 어린 자녀까지 법정에 데리고 와서 눈물로 호소하면서 자신들의 선처를 구했다. 그러니 법정은 사건의 시시비비를 명명백백하게 가리기 위해 냉철한 이성과 논리에 의해 움직

이는 장소라고 하기에는 무리였다. 때로는 감정적인 격정에 사로잡히기도 하고 화려한 수식어를 사용하여 현학적인 논쟁이 난무하기도 했다.

존 스튜어트 밀과 알렉시스 드 토크빌의 주장처럼 소크라테스의 재판은 극적인 경연과도 같았다. 이 경연의 참여자는 소크라테스와 아테네 주류 정치가들이었다. 법정은 경연이 펼쳐지는 극장이었으며, 그들은 아테네 시민들에게 볼거리, 구경거리를 제공하는 역할을 했다.

I
법정에 선 소크라테스

플라톤이 저술한 《변론》은 소크라테스 재판의 전 과정을 기술하고 있지 않다. 원래 재판은 소크라테스를 고발한 원고가 배심원과 방청객 앞에서 공식 고발장을 읽는 것으로부터 시작하고 이어서 피고인의 변론이 계속된다. 하지만 《변론》은 원고가 소크라테스를 고발하는 연설을 끝마친 이후 소크라테스가 그 스스로를 변론하는 부분에서 시작된다.

먼저 소크라테스는 고발인들이 제시하는 자신의 죄에 대한 변론을 하기 전에 자신에 대해 오래된 선입견과 편견이 있었음을 밝힌다. 그리고 자신을 고발한 사람들을 크게 두 부류로 나눈다. 한 부류는 예전부터 자신에 대해 얼토당토않은 말을 오가게 만든 사람들이고, 또 한 부류는 그를 직접적으로 이 법정에 서게 한 3인 즉, 멜레토스, 아니토스, 리콘이다. 그는 전자가 후자보다 훨씬 더 나쁜 사람들이라면서, 그들의 주장에 대해 먼저 변론을 하고 난 다음에 후자에 대해 변론을 하겠다고 말한다.

1 소크라테스, 일흔의 나이에 법정에 서다

아테네 시민 여러분! 저의 고발인들로 인해 여러분께서 어떤 생각을 가지게 되었는지 모르겠습니다. 그들은 저에 대해 매우 설득력 있게 말했기 때문에 저는 하마터면 제가 누구인지조차 잊어버릴 뻔했습니다. 하지만 그들은 단 한마디도 진실을 말하지 않았습니다. 오히려 그들은 많은 거짓말을 늘어놓았지요. 그중에 제가 매우 놀란 것이 하나 있습니다. 그것은 "소크라테스가 언변에 능숙하기 때문에 그에게 속아 넘어가지 않도록 조심해야 한다."라고 말한 내용입니다. 제가 언변에 전혀 능숙하지 않다는 것이 밝혀지기만 한다면 그들의 주장은 바로 거짓이라는 것이 증명될 터인데도 말입니다. 하지만 그들은 그런 거짓을 여러분께 말하면서 설사 그것을 들킨다 해도 전혀 부끄러워하지 않기에 저는 그들이 염치라고는 손톱만큼도 없는 뻔뻔한 사람들이라고 생각합니다. 만약 그들이 진실을 말하는 사람을 언변에 능숙한 사람이라고 말하는 것이라면, 저는 동의합니다.

그렇기에 제가 앞서 말했듯, 그들은 진실이라고는 거의, 아니 전혀 말하지 않았습니다. 이제부터 여러분께서는 저에 대한 모든 진실을 제

입을 통해 명확하게 듣게 될 것입니다. 아테네인 여러분! 제가 말하는 모든 내용이 진실이라는 것을 제우스 신께 맹세합니다. 여러분께서는 저로부터 저를 고발했던 사람들이 했던, 미사여구로 가득 찬 연설이나 잘 꾸며진 말을 듣지는 못하실 겁니다. 단지 그때그때 제 머리에서 떠오르는 말을 듣게 될 겁니다. 미리 머리를 짜내어 지어낸 말이 아니라 꾸미지 않은 진솔한 말을 듣게 될 것이란 의미지요. 제가 말하는 것이 올바른 것이라 저 스스로 믿기 때문입니다. 여러분, 제게 달리 기대는 하지 마십시오. 여러분! 이 나이에 마치 어린애들처럼 말을 좋게 꾸며서 여러분 앞에 선다는 것은 어울리지 않습니다.

그리고 아테네인 여러분, 여러분께 양해를 구합니다. 설령 제가 아고라의 환전소에서 말하는 투로, 여러분들 중 많은 분께서 이미 들으셨거나 그 밖의 다른 곳에서 들으신 것과 동일한 방식으로 말하더라도 놀라거나 동요하지 말아 주십시오. 왜냐하면 지금 저는 나이 일흔이 되어 법정에 처음 섰습니다. 따라서 저는 법정에서 사용하는 말투가 너무나 생소합니다. 제가 만약 다른 고장 사람이라면 그곳의 사투리를 쓰고 그곳의 방식대로 말할지라도 여러분께서 이해해 주시겠지요. 같은 이유로 지금 제가 말하는 방식에 대해 여러분께서 신경 쓰지 말아 주시기를 부탁드립니다. 말투야 어쩌면 이보다 더 못할 수도, 어쩌면 더 나을 수도 있을 테니까요.

단지 여러분께서는 제가 올바른 것을 말하는지 그렇지 않은지에 대해서만 살펴봐 주십시오. 여러분처럼 재판하는 사람의 덕목은 올바른 것을 말하는지의 여부를 살펴야 하는 것이기 때문입니다. 반면, 저와 같이 변론하는 사람의 덕목은 법정에서 진실을 말해야 하는 것이기 때문입니다.

기원전 399년, 고대 그리스 아테네의 철학자인 소크라테스는 일흔의 나이에 자신이 나고 자란 고향인 아테네의 법정에 서게 된다. 그의 죄명은 국가가 믿는 신을 믿지 않는다는 것, 그리고 아테네의 젊은이들을 타락시켰다는 것이다.

그를 고발한 사람은 세 명인데, 혈기 왕성한 젊은 시인인 멜레토스, 당대 정치 권력자인 아니토스, 웅변가인 리콘이었다. 특히 아니토스는 스파르타에 의해 수립되었던 과두정을 해체하고 아테네 민주정을 회복하는 데 혁혁한 공을 세운 민주 투사로 시민들의 신망이 두터운 인물이었다. 그런 까닭에 원고 중 명목상 대표는 멜레토스였지만 뒤에서 그를 조종한 사람은 바로 아니토스였다.

당시 아테네에는 판사, 검사, 변호사 등 오늘날과 같은 전문 법률가가 없었다. 그래서 재판이 진행될 경우 고발한 사람과 고발당한 사람이 직접 배심원들 앞에서 자신의 주장을 설득력 있게 펼쳐야 했다. 재판은 먼동이 틀 무렵, 진행자가 공식 고발장 내용과 무죄를 주장하는 소크라테스의 입장을 큰 소리로 읽은 뒤 시작되었다.

그러고 나서 고발자인 세 사람 멜레토스, 아니토스, 리콘이 먼저 나와 소크라테스를 고발한 이유에 대해 제시한다. 그 주요 내용은 첫째, 국가가 믿는 신을 그가 믿지 않는다는 점, 둘째, 아테네의 젊은 이들을 혼란에 빠뜨렸다는 점이었다. 이 시간이 대략 세 시간 정도로 추측된다. 그런 다음 피고발인인 소크라테스가 세 시간에 걸쳐 변론을 진행했는데, 이 책《변론》은 바로 이 부분부터 시작되고 있다. 즉 소크라테스가 자신을 변론하는 부분부터.

그는 법정에 서서 그를 재판하는 배심원들을 '배심원 여러분', '재판관 여러분'이라고 하지 않고 "아테네 시민 여러분"이라고 부르고 있다. 하지만 이들은 단순한 아테네 시민이 아니다. 이들은 시민들 중에서 소크라테스의 재판을 결정짓는 배심원들로, 피고발인인 그에게 최악의 경우 사형까지도 내릴 수 있는 강력한 힘을 가지고 있는 사람들이었다.

그런데 왜 소크라테스는 이들을 '시민'이라고만 불렀을까? 소크라테스는 그들이 재판을 할 만한 자격이나 능력이 있는지의 여부가 명확하지 않기 때문에 그들을 '재판관'이라고 부르기에는 아직은 성급하다고 판단했다. 그래서 그들을 단지 '아테네인(아테네 시민) 여러분'이라 부른 것이다. 이 표현에 대해 배심원들은 과연 어떤 생각을 했을까? 후세 사람들은 이러한 그의 고지식한 행동이 배심원을 불쾌하게 만들어, 결과적으로 판결에 나쁜 영향을 미쳤을 것으로 보고 있다.

소크라테스는 그를 고발한 사람들이 자신을 나쁜 사람인 것처럼 그럴듯하게 말했지만 그들은 진실이라고는 전혀 찾아볼 수 없는 뻔뻔한 사람들이라 칭한다. 원고 쪽의 연설이 설득력 있게 들렸을지도 모르지만 그것을 믿지 말라는 말이다. 그리고 자신을 고발한 사람들이 자신을 "언변이 좋은 사람"이라면서 고의로 소피스트의 수사법과 자신을 연결시키는 대목에 대해 반박한다.

당시 소피스트들은 비싼 수업료를 받고 부잣집 자제들에게 논쟁이나 재판에서 이길 수 있는 수사법을 가르쳤다. 그런 까닭에 유력 인사들은 그들을 자녀의 성공과 출세를 위해 필요한 사람들로는 여겼다. 하지만 그들을 도덕적으로 훌륭하다고 칭송하기보다는 그들만의 논리를 통해 거짓을 진실로도 바꿀 수 있는 사람들이라 여겼다. 그래서 소크라테스는 배심원들에게 거짓을 진실인 것처럼 유창하게 늘어놓는 소피스트의 언변과 진실을 막힘없이 털어놓는 자신의 솔직한 말을 구분해 달라고 호소한다.

이렇게 소크라테스가 자신을 소피스트와 구분하는 부분을 우리는 플라톤의 여러 대화편에서 볼 수 있다. 《파이드로스》에서도 소크라테스가 훌륭한 연설가는 자신이 말하고자 하는 내용에 진실성이 있어야 한다고 주장하는 부분이 나온다. 이에 파이드로스는 "웅변가는 모름지기 진실 또는 정의와 무관하게 판결을 내릴 사람들이 찬성할 만한 내용을 말해야 하지 않느냐?"라고 반문한다. 하지만 소크라테스는 수사법의 기술보다는 말의 진실성을 강조한다. 남들의 의견에 영합하는 사람이 아니라 도덕적 덕에 관한 지식을 갖고 그것을 다른 사람들에게도 전하려는 철학자가 되어야 한다고.

《고르기아스》에서도 소크라테스는 수사법이라는 것이 기술이라는 가면을 쓰고 있지만 사실은 얄팍한 요령에 불과한 것으로, 사람들의 영혼을 고양시키는 것이 아니라 청중을 즐겁게 하는 것이 주목적이라고 주장한다. 대표적인 소피스트인 고르기아스는 연설의 목적이 진실을 말하는 것이 아니라 타인을 설득하고 마치 마술과 같이 청중의 심리를 조종하는 것이라고 말한다. 반면 소크라테스는 소피스트들이 가르치는 수사법을 비판하는 입장이었으니 고발인들이 자신을 소피스트인 양 호도하는 것에 대해 적극적으로 해명한다. 그래서 소크라테스는 진실만을 밝히면서 변론할 것을 신께 다짐한다. 수사법에 능한 사람들은 진실성의 여부와 상관없이 설득력을 통해 주도권을 쥘 수 있다고 생각하지만, 자신은 진실을 더 중요하게 생각하는 사람으로서 법정에서 이기기 위해 정직하지 못한 전략을 취하는 비겁한 사람과 다르다고 힘주어 말한다.

그리고 일흔이 되는 나이에 처음 법정에 서는 늙은이로서 법정의 말투에 익숙하지 않아도 그런 것은 중요한 것이 아니므로 너그럽게 이해해 달라고 양해를 구하고 있다. 이 말은 자신이 한 번도 소송에 휘말린 적이 없는 도덕적인 사람이라는 것을 은근히 드러내는 것이다. 말하자면 그는 배심원들에게 자신의 변론하는 태도나 언변이 아니라 변론에 담겨 있는 진실성을 보고 판단해 달라고 요청하고 있다. 이어서 소크라테스는 다른 사람들처럼 처벌을 피하기 위해 거짓을 말한다거나, 동정심을 유발하고자 나이에 맞지 않는 유치한 언변을 늘어놓지 않겠다고 말한다. 그러니 배심원들도 감정에 휩쓸리지 말고 법정에 서는 사람이 올바른 것을 말하는지 그렇지 않은지에 대해 잘 살펴야 한다고 배심원의 임무와 역할에 대해 마치 그들을 가르치듯이 말한다.

그러나 그가 고발당한 사람의 신분으로 법정에 서서, 배심원들의 역할과 책임을 일깨우는 듯한 이런 변론은 당당함을 넘어서 건방진 태도로 보였을 것이다. 결국 이러한 그의 태도가 판결에 나쁜 영향을 미쳤을 것이라고 후세 사람들은 추측한다.

2 고발자들을 두 부류로 나누다

아테네인 여러분! 저에 대해 맨 먼저 행해진 거짓된 고발과 저를 처음으로 고발한 사람들의 고발을 상대로 제가 먼저 변론을 하고, 그 후 나중에 행해진 고발과 그 고발인들을 상대로 변론하는 것이 옳다고 생각합니다. 그리고 그렇게 진행하겠습니다.

이미 여러 해 전부터 많은 사람들이 저를 여러분께 고발해 왔습니다. 하지만 그들은 전혀 진실을 말하지 않았습니다. 물론 아니토스와 그 무리도 무서운 사람들입니다. 하지만 저는 그들보다 이 재판 전에 저를 고발한 사람들을 더 두려워하고 있습니다. 여러분, 그 사람들이 더 무서운 사람들입니다. 그들은 여러분 중의 많은 사람을 어릴 때부터 가르치듯이 설득해서 저를 지속적으로 비방하고 고발해 왔습니다. 하지만 그들의 주장은 전혀 진실이 아닙니다.

그들은 저에 대해 이렇게 말했지요. 소크라테스라는 한 현자가 있는데, 하늘 높이 떠 있는 것, 즉 우주의 천체나 구름 등에 대해 골똘히 생각하는 자이며, 지하의 온갖 것에 대해 탐사하는 자이고, 근거 없는 약한 주장을 더 강한 것으로 만드는 자이다…. 그들은 이처럼 저를 비방해 왔습니다.

아테네인 여러분! 이 소문을 퍼뜨린 사람들이야말로 정말 무서운 고발자들입니다. 이 소문을 들은 사람들은, 이런 것을 탐구하는 제가 신(神)까지도 믿지 않는다고 생각했을 겁니다. 그리고 이 고발자들은 그 수가 많을 뿐만 아니라 이미 오래전부터 지속적으로 저를 고발해 왔습니다. 그것도 여러분께서 남의 말을 가장 잘 곧이곧대로 들을 만한 나이, 즉 어린아이나 청년이었을 시기에 말이죠. 그러니 저는 변론해 주는 사람 하나 없었고, 제가 없는 자리에서 재판이 이루어진 것이나 마찬가지였지요.

그러나 무엇보다도 가장 불합리한 것은 제가 희극 작가 한 명을 제외하고는 이들의 이름조차 제대로 알 수 없고 거명할 수 없다는 겁니다. 하지만 저에 대한 시기와 비방을 일삼으며 여러분을 설득했던 그 많은 사람들, 그리고 자신들이 설득되었기에 다른 사람들을 또 설득하게 된 사람, 이들 모두가 가장 다루기 힘든 사람들입니다. 그 이유는 그 누구도 지금 이 법정에 출두시킬 수 없고 신문할 수조차 없어서 마치 저는 그림자를 상대로 싸우듯 변론하면서 대답하는 사람 하나 없이 심문을 할 수밖에 없기 때문입니다.

그러니 여러분께서도 제가 말씀드린 것처럼 저에게는 두 부류의 고발인들이 있다는 것을 생각해 주십시오. 한 무리는 지금 이 고발을 한 사람들입니다 그리고 다른 한 무리는 오래전에 이미 저를 고발한 사람들로 제가 방금 전에 말한 바로 이들입니다. 그래서 제가 이들을 상대로 먼저 변론하는 것이 옳다고 생각합니다. 왜냐하면 여러분께서는 이 사람들이 저를 고발한 것을 먼저 들으셨을 뿐만 아니라, 이들은 나중에 고발한 사람들보다도 훨씬 더 심한 내용을 고발했기 때문입니다.

소크라테스는 자신을 고발한 사람들을 두 부류로 나눈다. 한 부류는 이 재판이 열리기 아주 오래전부터 그를 비난하고 다니던 많은 이들이다. 그리고 다른 한 부류는 이 재판의 직접적인 고발인들인 멜레토스, 아니토스, 리콘이다.

그는 먼저 자신을 비방한 전자를 상대로 변론을 하고 그 후에 이 재판에서 고발한 내용에 대해 변론을 하는 것이 올바른 순서라고 말한다. 그러면서 양자는 모두 진실이라고는 전혀 말하지 않는 사람들이지만 여러 해 전부터 그를 비방한 사람들이 현재 그를 법정에 서게 한 멜레토스, 아니토스, 리콘보다 훨씬 더 무서운 사람들이라고 주장한다. 왜냐하면 전자는 아주 예전부터 중상모략으로 자신을 지속적으로 비난하고 괴롭힌 사람들로 그 숫자가 너무 많아 희극 작가인 아리스토파네스를 제외하고는 그들이 누구인지조차 파악되지 않기 때문이다. 그래서 자신은 법정에 출두는커녕 대답하지도 않는 사람들을 상대로 싸우는, 마치 그림자와 싸우듯이 힘겹게 변론하는 처지라고 주장한다.

아리스토파네스는 페리클레스 시대에 살았던 대표적인 희극 작가였다. 사실 소크라테스를 조롱한 소피스트로는 아메입시아스, 크라티노스, 에우폴리스 등 여러 명이 있었다. 하지만 가장 첨예하게 비난의 칼날을 세워 소크라테스를 공격한 사람이 아리스토파네스였으므로 재판에서 그에 대한 이야기를 먼저 언급한 것이다. 아리스토파네스는 소크라테스의 재판이 있기 24년여 전 《구름》이라는 작품에서 소크라테스라는 인물을 등장시켜 우스꽝스럽게 묘사했다. 우선 아리스토파네스는 소크라테스를 멜로스인으로 묘사했다. 멜로스는 그리스의 키클라데스 제도 서남부에 있는 화산섬인데, 멜로스 사람인 디아고라스가 종교 축제에서 반드시 행하는 엘레우시스 신비 의식을 조롱했다는 이유로 후에 사형을 선고받았다. 엘레우시스 신비 의식이란 아테네 북서쪽의 도시 엘레우시스에서 시작된 축제 의식으로, 곡식과 수확의 여신인 데메테르와 그녀의 딸을 기려 행하는 종교적 비밀 의식을 말한다. 그런데 디아고라스는 당시 아주 유명한 무신론자로 이 의식을 조롱했고 더구나 사형을 집행하려 하자 아테네에서 도망을 쳐 버렸다. 아리스토파네스는 소크라테스가 마치 그와 관련이 있는 것처럼 연결시키기 위해 소크라테스를 멜로스인으로 묘사했던 것이다.

또한 그는 소크라테스를 엉터리 주장을 논리적인 주장인 양 만들어 논변에서 무조건 이기도록 가르치는 소피스트 학교의 교장으로 묘사했다. 따라서 그의 희극이 상연되었을 때, 많은 청중들은 소크라테스를 비싼 수업료나 받아 챙기는 악덕 소피스트로 여기게 되었다. 그리고 소크라테스를 우주의 천체나 구름 등 하늘 높이 떠 있는 것에 대해 골똘히 생각하고 지하의 온갖 것에 대해 탐사하면서 쓸데없는 짓을 하고 다닌다고도 묘사했다. 이것은 소크라테스가 당시 사람들의 종교적 믿음과 다르게, 즉 우주 자연의 모든 현상은 신의 창조물이라 여겼던 것과 다르게, 신을 믿지 않는 불경한 사람들의 무리인 자연 철학자로 간주하도록 만들었다. 따라서 소크라테스는 아리스토파네스를 대표로 하는 사람들에 의해 만들어진 자신에 대한 오래된 선입견을 먼저 해명하고 변론하는 것이 옳다고 밝힌다.

Ⅱ

오랜 선입견과 편견에 대한 변론

소크라테스는 이제 오래된 선입견과 편견에 맞서 변론을 시작한다. 그는 먼저 아리스토파네스의 희극《구름》에서 희화화된 자신의 모습을 제시한다. 희극이 상연되면서 사람들이 입에서 입으로 자신을 기이하고 괴팍한 사람으로 몰아갔고, 때문에 자신은 억울하다고 토로한다. 또 당시의 소피스트처럼 대가를 받고 젊은이들을 가르쳤다는 주장에 대해서도 반론을 제기한다.

그런데 왜 보잘것없는 자신이 사람들의 입방아에 오르게 되었을까? 그것은 소크라테스보다 더 현명한 사람은 없다는 델피 신탁의 응답 때문이었다고 밝힌다. 그는 신탁이 전하고자 한 본래 의미를 밝히고자 현명하다고 소문난 정치인, 시인, 장인들을 만나 그들이 아는 것을 캐물었고 그 과정에서 신탁의 참뜻을 깨닫게 되었다고 고백한다.

1 아리스토파네스의 《구름》에서 비롯된 선입견에 맞서다

자, 이제 됐군요. 그러면 이제 변론을 시작하도록 하겠습니다. 아테네인 여러분! 저는 오랜 기간에 걸쳐 만들어진 저에 대한 선입관을 지금이 짧은 시간 안에 없애야 합니다. 그렇게 하는 것이 여러분을 위해서나 저를 위해서나 좋은 일이라고 생각합니다. 그리고 저로서는 그렇게 되기를 바랄 뿐입니다. 하지만 저는 이 일이 어려운 일이라는 생각이 듭니다. 그럼에도 불구하고 신이 뜻하시는 대로, 법을 준수하면서 저의 변론을 시작하도록 하겠습니다.

이제 저를 고발한 내용이 무엇인지부터 살펴보면서 시작해 봅시다. 저에 대해 선입관이 있었습니다. 바로 멜레토스가 그것을 믿고, 저를 기소하게 된 내용이지요. 좋습니다. 그러면, 저를 비방한 사람들이 무슨 말을 하면서 저를 비방했을까요? 이들이 고발한 내용을 제가 읽어 보도록 하겠습니다. "소크라테스는 부도덕하며, 쓸데없이 나서서 주제넘은 짓을 하고 있으니, 그것은 땅 밑과 하늘에 있는 것을 탐구하는가 하면 논리에도 맞지 않는 빈약한 주장을 강력한 주장으로 만들며, 이것은 남들에게 가르치는 일이다." 그것은 대개 이런 것이었습니다.

이 주장은 여러분께서도 아리스토파네스의 희극에서 보았을 것입니다. 소크라테스라는 사람이 바구니에 올라앉아 이리저리 왔다 갔다 하면서 자신이 공기 위를 걷고 있다고 말하는가 하면 많은 어리석은 짓거리를 하는 것으로 묘사됩니다. 아테네인 여러분, 하지만 저는 이런 것에 대해 전혀 아는 바가 없습니다. 제 말의 증인은 바로 여러분 중의 많은 분일 겁니다. 여러분은 제가 대화하는 것을 들으신 적이 있을 겁니다. 여러분께 부탁드립니다. 그 내용에 대해 서로 알려 주십시오. 그러니까 혹시 여러분 중에서 누구든지 제가 이것과 관련하여 작든 크든 간에 대화하는 것을 들으신 일이 있다면 말씀해 주십시오. 이제 여러분들은 사람들 사이에 떠도는 저에 대한 다른 말들도 이와 같이 전혀 근거가 없다는 사실을 아실 테니까요.

소크라테스는 본격적인 변론을 시작한다. 그는 여러 해 전부터 자신에 대해 잘못된 선입견이 있었는데 멜레토스가 그것을 그대로 믿고 자신을 고발했다고 주장한다. 그러한 선입견은 아리스토파네스의 《구름》으로 더욱 굳어졌는데, 그것은 단연코 잘못된 것이라고.

《구름》은 아리스토파네스의 대표적인 희극으로 기원전 423년에 상연된 작품이다. 주인공인 아티카의 늙은 농부인 스트렙시아데스는 페이디피데스란 방탕한 아들이 있다. 이 아들은 아버지의 재산을 모두 경마와 화려한 의복을 구입하는 데 탕진하고 만다. 파산 직전인 노인은 이 빚더미에서 벗어나기 위해 빈약한 논리를 강력하게 만드는 방법을 배워 법정에서 자신을 고소한 채권자들을 이길 묘책을 궁리한다. 그러던 중 소크라테스가 교장으로 있는 '사유의 학교'에 값비싼 수업료를 내고 아들을 보낸다. 이 학교에서 배운 말솜씨를 발휘하여 채권자들을 법정에서 이기기 위해서다. 즉 흑을 백이라고 우겨 이길 수 있는 비법을 배우고자 한 것이다. 하지만 그의 아들은 학교를 제대로 다니지 않아서, 급기야 아들을 대신해서 직접 이 노인이 학교를 다니게 된다.

여기에서 소크라테스의 기이한 행적이 나온다. 교장인 소크라테스는 공중에 매달린 바구니를 타고 이리저리 왔다 갔다 하고 학생들은 바닥에서 열심히 무언가를 찾기 위해 애를 쓴다. 그런데 학교에서 스트랩시아데스는 제우스 신을 신들의 왕좌에서 끌어내리고 구름의 신을 대신 올려놓음으로써 당시의 전통적인 신관을 무시한다. 그래서 그는 학교에서 퇴출당하고 다시 그의 아들인 페이디피데스가 학교에 들어와 공부를 하게 된다. 그 아들은 좌충우돌 끝에 탁월하게 말하는 능력을 터득하게 되어 결국 그가 탕진한 빚을 모두 없앤다.

그런데 수사법에 능한 아들은 그것을 무기 삼아 자신의 아버지를 때리기 시작한다. 그러자 아버지는 못된 아들의 행실을 사람들에게 알리려고 한다. 하지만 아들은 오히려 자신이 배운 말솜씨인 논박의 기술을 이용하여 아버지를 때리는 자신의 행위가 정당하다는 것을 주장한다. 이에 분노한 아버지 스트랩시아데스는 이것이 잘못된 교육이 낳은 무서운 결과라는 것을 깨닫고 사유의 학교에 불을 지른다. 그리고 이를 따지는 소크라테스에게 태연히 자신은 "공간을 재면서 태양을 관찰하고 있다"라고 비아냥거리면서 그 자리를 떠난다. 소크라테스는 불타는 학교에서 숨이 막혀 컥컥거리면서 자신을 따르는 제자들과 함께 학교를 탈출한다.

한마디로 말해 《구름》에서 소크라테스는 이상한 짓을 하면서 억지 논박을 펼치는 학교의 교장으로, 학생들에게 이상한 짓을 시키며 비싼 수업료를 챙기는 괴상망측한 인물로 묘사되어 있다. 이 연극 마지막 부분에서 스트랩시아데스는 소크라테스에게 다음과 같이 소리 지른다. "당신은 왜 신들을 모독하는가? 당신은 무엇 때문에 하늘의 달을 염탐하는가? 죄지은 소크라테스와 학생들을 매질하고 채찍질하라. 저들이 저지른 가장 큰 죄는 하늘의 신들을 모욕했다는 것이다."

이 희극의 공연으로 인해 소크라테스는 자신이 억울하게도 많은 사람들에게 쓸데없이 공언을 하고 다니는 어리석은 인물로, 기기묘묘한 짓거리를 하는 사람으로 비쳐졌다고 주장한다. 더구나 자신을 진실을 말하는 사람이 아니라 근거가 약한 주장을 강한 주장으로 둔갑시키는 소피스트와 같은 사람으로 묘사하여 자신에게 부정적 이미지를 심어 주었다고 주장한다.

물론 소크라테스는 당시의 일반적 생각과 달리 철학의 근본 주제를 자연에서 인간과 사회로 전환시켰다는 측면에서 소피스트로 오인받기 쉬웠다. 하지만 양자의 주장은 근본적으로 달랐다. 소피스트는 스스로 지혜를 가지고 있다고 자신하면서 수사법을 중심으로 교육하고 그 가르침의 대가를 요구했다. 반면 소크라테스는 자신이 무지하며 단지 사람들과 대화를 나누었을 뿐 결코 돈을 요구하거나 누구를 가르친 적도 없다.

더구나 소피스트는 논쟁에서 이기거나 정치적인 힘을 얻는 데 수사법을 활용하는 법을 가르쳤다. 반면 소크라테스는 도덕적인 덕과 영혼의 수련을 통한 선량한 삶을 가치 있게 보았으며 이를 중히 여겨야 한다고 주장했다. 소피스트들은 진리가 객관적으로 존재한다는 것을 부인하고 시대와 사회에 따라 도덕이 달라진다는 도덕 상대주의를 주장했다. 반면 소크라테스는 보편적 이성을 토대로 흔들리지 않는 도덕적 정의를 찾기 위해 평생을 도덕적 상대주의, 회의주의와 싸웠다.

이처럼 소크라테스와 소피스트는 분명히 달랐을 뿐만 아니라 정반대의 지점에 있었다. 하지만 당시 아테네 사람들은 양자의 차이를 구분할 만한 능력이 없었다. 그들은 말을 능란하게 잘한다는 측면만 보고서 오히려 양자를 같은 부류라고 생각했다. 그 바람에 소크라테스는 억울하게도 소피스트들에게만 해당되는 비난도 고스란히 받아야 했다. 그 결과 소크라테스는 자신이 쓴 오명, 즉 기이한 사람, 자연 철학자, 소피스트라는 소문이 많은 사람들에게 퍼져 나가 결국 멜레토스와 같은 젊은이가 자신을 고발하는 사태에까지 이르렀다고 주장한다.

그렇다면 멜레토스는 왜 소크라테스를 고발하는 데 앞장섰을까? 그것은 오늘날과 다른 아테네의 독특한 재판 방식과 밀접한 관련이 있다. 오늘날에는 검사가 기소를 하고 변호사가 변론을 주로 담당한다. 하지만 앞에서 언급했듯이 아테네에는 오늘날과 같은 검사나 변호사 등의 법률가가 없었다. 고발한 사람과 고발당한 사람이 법정에서 직접 자신의 주장을 펼쳐야 했다.

따라서 젊은이들 중에는 당대의 유명한 사람을 고발해 그와 법정에서 직접 대적하여 유명세를 얻으려 하는 사람들이 있었다. 당시 소크라테스는 꽤 많이 알려진 기인이자 현인이었으므로 그와 상대하여 법정에서 입씨름을 해 이기려 한 것은 치기 어린 젊은이인 멜레토스로서는 충분히 생각할 수 있는 일이었다. 더구나 시민들의 신망을 한 몸에 안고 있는 아니토스가 뒤에서 버티고 있으니 더 든든했을 것이다. 그래서 멜레토스의 성향을 잘 알았던 아니토스, 리콘은 그를 전면에 내세우고 뒤에서 그를 조종해야 쓸데없는 구설수에 오르지 않는다고 생각했을 것이다.

어쨌든 소크라테스는 법정에서 짧은 시간에 걸친 변론만으로 오랫동안 형성된 자신에 대한 선입견을 없애야 한다는 것이 엄청난 심적 부담이기는 하지만 신의 뜻대로, 그리고 법을 준수하면서 변론을 하겠노라고 선언한다.

그에 대한 선입견은 크게 두 가지다. 첫째, 그는 우주나 땅속을 탐구하는 자연 철학자들과 같은 관심을 지니고 있으며, 둘째, 빈약한 논증을 강력한 것으로 만드는 사람이라는 것이다. 당시 자연 철학자들의 관심은 우주 자연의 근본이 무엇인가에 대한 탐구에서 비롯되었다. 그래서 우주 만물의 근원을 물, 불, 원자, 공기 등이라 주장하는 철학자들이 있었다. 하지만 대다수의 아테네 시민들은 세속적인 사람들의 일상적 삶과 거리가 먼 주제에 대해 담론을 벌이는 이러한 자연 철학자들의 주장을 허튼소리로 여겼고, 심지어는 자연을 만든 신에 대한 불경이라고 보았다. 또한 빈약한 논증을 강력한 것으로 만든다는 것은 당시 수사법이나 변론술을 이용하여 틀린 주장도 옳다고 만드는 소피스트들에 대한 부정적 평가였다. 앞에서도 말했지만 소크라테스는 분명 소피스트들과 반대 입장에 서 있었다. 하지만 소크라테스와 소피스트들에 대한 비교를 명확하게 할 수 없었던 당시 시민들로서는 소크라테스 역시 소피스트들과 별반 다를 바가 없는 궤변론자에 불과하다고 생각했다.

당시 아테네는 도시라고는 하여도 오늘날의 도시하고는 비교도 안 될 정도로 작은 공간이었다. 따라서 그 많은 배심원들이 시장이나 아고라 광장을 떠돌며 기이한 행적을 일삼았던 소크라테스에 대해 무를 리가 없었다. 그리고 소크라테스는 거리의 기인이었기 때문에 희극의 소재로 삼기에 적절했는지도 모른다. 하지만 실제로 그를 만나 본 사람들은 《구름》 속에 묘사된 그 정도로 이상한 사람이 아니라는 것 정도는 다 알고 있었다. 그래서 소크라테스는 법정에 있는 많은 사람들을 자신의 증인으로 지목한 것이다.

하지만 현실은 어떠했을까? 오히려 아테네의 시민들은 소크라테스를 소피스트보다 더 궤변론자라고 판단했다. 19세기 역사가였던 조지 그로트는 펠로폰네소스 전쟁 중에 가장 유명한 소피스트가 누구냐고 사람들에게 묻는다면 아마도 소크라테스가 첫 번째로 꼽혔을 것이라고 말한다. 소피스트를 상대로 한 논변에서 매번 이기는 소크라테스의 모습을 보고 사람들은 그를 최고의 소피스트라고 여겼다는 것이다.

그는 자신이 모른다고 하면서 다른 사람들의 견해를 반박했다. 그리고 전통적인 가치관에 대해 새로운 대안을 제시하지도 않은 채 매우 강하게 비판했다. 그런 그를 당시 아테네 사람들 상당수는 궤변론자이자 사회에 위협적인 존재로 여겼다. 사실 표현의 자유가 보장된 아테네에서 소크라테스는 자신의 철학적 주장을 그 어떤 제지 없이 마음껏 드러낼 수 있었다. 그런데 소크라테스가 재판을 받은 기원전 399년 무렵 상황은 달라져 있었다. 펠로폰네소스 전쟁을 치르고 나서 아테네의 국운은 이미 기울었고 기원전 411년과 404년에 등장한 과두정 체제로 인해 민주 정치가 위기에 처하기도 했다. 특히 두 번째 과두정은 내란을 치름으로써 겨우 무너뜨릴 수 있었다. 이렇게 모든 것이 불안정하고, 전성기의 풍요를 맛보았던 시민들은 좌절감에 빠졌던 시대였다. 이런 상황에서 기존의 가치관을 비판적으로 바라보고 의문을 품거나 공격하던 소크라테스의 행적이 사람들에게 좋아 보일 리 없었다.

2 대가를 받고 젊은이들을 가르쳤다는 오해에 대해 해명하다

혹시 여러분께서 제가 사람들을 가르치고 그 대가를 강요한다는 말을 누구로부터 들으셨다면, 그것은 진실이 아닙니다. 하지만 그것도 제가 생각하기에 좋은 일일 것 같습니다. 레온티노이 사람인 고르기아스, 케오스 사람인 프로디코스, 엘리스 사람인 히피아스처럼 적어도 다른 사람들을 가르칠 수 있다면 말입니다. 여러분! 이들은 각자 어느 도시 국가에 가서나 젊은이들을 설득할 수 있습니다. 젊은이들은 대가를 지불하지 않고도 자기 나라 시민들 중에서 자신이 원하는 사람으로부터 배울 수 있지만, 이들 세 사람은 젊은이들이 무료로 받을 수 있는 기존의 사제 관계를 끊어 버리고 금전을 지불하면서까지 배우고 싶어 하게 만듭니다. 그러면서도 젊은이들은 그들에게 감사한 마음까지 느낍니다.

파로스 사람인 또 다른 현자가 시내에 머물고 있다고 들었습니다. 소피스트들에게 엄청나게 많은 돈을 쓴 사람으로부터 그 말을 들었지요. 그는 히포니코스의 아들인 칼리아스입니다. 이 사람에게 두 아들이 있기에 제가 그에게 물었습니다.

"칼리아스! 만약에 당신의 두 아들이 망아지나 송아지로 태어났다면, 이들을 정말 훌륭하게 만들어 줄 수 있는 선생님을 고용할 테지요. 그는 말을 잘 다루는 사람이거나 농사에 능숙한 사람일 것입니다. 그러나 사실 당신의 아들들이 인간이니 당신은 이들을 위한 선생님으로 누구를 정하겠습니까? 누가 인간이나 시민이 지녀야 할 훌륭함에 대해 잘 알고 있을까요? 저는 당신이 아들을 가졌기 때문에 평소 그것에 대해 생각했을 것으로 판단됩니다. 누구인가요? 있기는 있는 건가요?" 하고 말입니다.

"있고말고요." 하고 그가 대답하기에 제가 또 물었습니다.

"누구지요? 그는 어디 출신이며 얼마나 받고 가르칩니까?"

"그는 에우에노스입니다. 파로스 출신이고 5므나를 받습니다."라고 그가 대답했습니다.

그래서 저는 에우에노스가 정말 그러한 전문적인 지식을 갖고 있고 적절한 비용으로 사람들을 가르친다면 그를 대단한 사람이라고 축복하려 했습니다. 저에게도 그러한 기술이나 재능이 있다면 저 역시 그렇게 가르치면서 자랑하며 뽐냈을 겁니다. 하지만 아테네인 여러분! 아쉽게도 저에게는 그런 지식이 전혀 없습니다.

이제 소크라테스는 자신이 돈을 받고 젊은이들을 가르쳤다는 선입견에 대해 변론한다. 자신이 사람들을 가르치면서 대가를 강요했다는 주장은 사실이 아니라면서 고르기아스, 프로디코스, 히피아스, 에우에노스 등 몇 명의 유명한 소피스트들을 언급하면서 자신이 그들처럼 훌륭하다면 돈을 받을 수도 있다고 너스레를 떤다. 그러면서 자신은 그들과 같은 지식과 재능이 없기 때문에 애초부터 남을 가르칠 만한 인물이 아니라고 말하고 있다.

당시 그리스 아테네는 소피스트들의 시대였다. 소피스트(sophist)는 오늘날에는 궤변론자라고 번역되지만 원래는 '지혜로운 사람'이란 뜻으로 수사학과 변론술에 뛰어난 재능이 있고 당시 젊은이들을 가르치던 사람들이었다. 요즘으로 치자면 박학다식하고 언변에도 뛰어난, 웅변 학원 스타 강사와 비슷했다.

민주정이던 아테네에서는 선거를 통해 정치가로 성장하는 것을 대단히 명예롭게 여겼다. 그래서 시민들이 선호하고 촉망받는 직업 중의 하나가 정치인이었다. 그런데 정치인이 되기 위해서는 대중 앞에서 설득력 있게 자신의 주장을 펼쳐야 하는 변론과 웅변술이 중요했다. 그런 까닭에 아테네인들은 혼자서 글을 읽을 때에도 소리 내어 읽을 정도로 언변을 중요하게 생각했다고 한다. 특히 야심을 가지고 정치에 도전하고자 하는 젊은이들에게 민회와 법정처럼 공개적인 곳에서 유창한 언변과 웅변술을 통해 대중적으로 인기를 얻는 것은 필수적인 과정처럼 여겨졌다.

민회는 시민들이 당시 사회적, 정치적 이슈에 대해 토론하고 의견을 교환하면서 공공 정책을 표결로 결정하는 중요한 대중적 회의 장소였고, 법정은 원고와 피고가 많은 방청객과 배심원들을 앞에 두고 자신의 주장을 설득력 있게 웅변할 수 있는 대중적 논쟁 장소였다. 따라서 아테네인들에게 유창한 언변은 유용한 삶의 도구이자 무기였다. 그런 까닭에 부자들은 비싼 수업료를 지불하고서라도 소피스트들을 가정교사로 초빙하여 그들의 자식을 가르치고자 했다. 몇몇 유명한 소피스트들은 엄청나게 많은 돈을 받으며 젊은이들의 웅변 과외 선생 노릇을 하기도 했다.

하지만 소크라테스의 관점에서 본다면 이런 수사학이나 웅변술은 진리나 올바름과는 아무 상관도 없는 것이었다. 더구나 보편적이고 객관적인 진리에는 관심조차 없는데도 진실성 여부와 관계없이 어떻게 해서든 논쟁에서 이기기 위한 말재주를 가르치는 소피스트는 말그대로 궤변론자일 뿐이었다. 중세 이후 철학자들이 소피스트를 지혜로운 사람이 아니라 궤변론자라고 부른 것도 같은 이유에서였다. 궤변론자란 이치에 맞지 않는 말을 이치에 맞는 것처럼 억지로 교묘하게 꾸미는 사람을 말한다.

소크라테스는 이런 고액 스타 강사로 먼저 레온티노이 출신의 고르기아스를 거론한다. 고르기아스는 기원전 5세기 인물로 사절단을 인솔하여 아테네에 왔다가 그의 연설에 깊은 감동을 받은 아테네 시민들의 요청으로 그곳에 머물며 수사법을 가르쳤다. 그는《있지도 않은 것에 관하여, 자연에 관하여》라는 저서를 통해 존재에 대해, 진리에 대해 회의론적 입장을 밝힌다. 즉 시공을 초월한 객관적인 진리나 도덕은 존재하지 않는다고 주장했다. 케오스 출신의 프로디코스 역시 아테네에 사절단으로 와서 기원전 5세기 후반 아테네에서 활동한 소피스트로, 유사한 단어의 의미를 엄격하게 구분하여 정확히 사용할 것을 강조한 인물로 유명하다. 엘리스 출신의 히피아스는 플라톤의 대화편에 등장한 소피스트로 다재다능하고 박학다식하기로 유명했다.

소크라테스는 이들을 언급하면서 젊은이들이 공짜로 배울 수 있는 많은 기회를 버리고 이들에게 비싼 수업료를 지불하고 배우면서 고마워하기까지 하는 대단한 사람들이라고 치켜세운다. 그러면서 부유한 아버지를 두었고 장군으로 활동했으나 방종한 생활로 재산을 탕진한 칼리아스를 들어서 유명 소피스트들의 실상을 밝히고자 한다. 칼리아스는 자식 교육을 위해 파로스 출신 소피스트인 에우에노스에게 5므나, 당시 아테네의 공공 근로자가 500일 동안 일을 해야 벌 수 있는 엄청난 돈을 주었다는 사실을 밝힌다.

이 예를 통해 소크라테스는 자신이 절대로 돈을 받고 젊은이들을 가르치지 않았다는 사실을 역설적으로 드러내려고 한다. 왜냐하면 소크라테스는 누구나 알다시피 하루하루 끼니를 걱정해야 할 정도로 지독하게 가난한 거리의 철학자였기 때문이다. 대부분의 배심원들은 그의 궁핍한 생활을 거의 다 알고 있었다.

사실 그가 치켜세웠던 유명 소피스트들에 대한 진술은 칭찬이라기보다 오히려 비난에 가까웠다. 그들이 많은 돈을 받고 젊은이들을 현혹시켜 무엇이 옳고 그른지를 따지기보다는 말싸움에서 이기는 기술과 궤변을 가르치는 사람들에 불과하다는 말이기 때문이다. 반면 소크라테스 자신은 말싸움에서 이기는 방법에 대한 지식이 전혀 없으므로 그들을 가르칠 수도 없고 더군다나 그들을 가르치고 돈을 받았다는 주장은 지독하게 어려운 그의 경제 사정으로 미루어 볼 때 사실이 아니라는 것이다.

그가 재판 내내 소피스트들과 일정한 거리 두기를 했던 이유는, 시민들이 전쟁 이후 도덕적으로 혼란해진 아테네 상황을 소피스트들의 탓으로 돌렸기 때문이다. 부자들은 정치적 성공과 출세를 위해 소피스트들이 필요했지만 기실 그들은 소피스트를 경멸했다. 플라톤의 《프로타고라스》에서 프로타고라스가 말하길, 소피스트들이 사람들의 분노를 산 이유는 그들이 젊은이들을 부추겨 집안의 영향력에서 벗어나도록 했기 때문이다. 하지만 소크라테스는 그들이 진실보다 설득력을 더 중시했다는 점에서 비판한다. 사실 소피스트인 안티폰은 영원한 진실은 존재하지 않는다고 했고, 고르기아스는 진리 그 자체의 존재를 부정할 정도로 대다수 소피스트들은 객관적인 진리나 옳음에 대해 회의적이었다. 사람들은 이러한 소피스트들에게 수사법을 배우면서도 이들이 도덕과 진리를 위협한다고 여겼다. 절대적이고 객관적인 도덕이 존재하지 않는다면 옳고 그름이 어떻게 결정되겠는가? 프로타고라스 같은 사람은 《안티로지스(반대되는 주장)》에서 상충하는 논리 중 한쪽의 견해를 먼저 교육한 다음 반대 견해를 교육함으로써 어느 쪽에 서든 설득할 수 있는 논리를 가르치기도 했다. 어차피 진리란 없기 때문에 토론에서 이기거나 재판에서 승소하기 위해서는 어느 쪽 입장에 서든 관계없이 설득하는 힘이 중요하다는 것이다. 이렇게 교육받은 아테네의 젊은이들은 그럴듯한 궤변으로 상대를 이길 수 있었다. 즉 소피스트들의 논리는 아테네에서 힘의 정치가 살아남을 수 있는 근거를 제공했다.

따라서 소피스트와 소크라테스를 구분하지 못하는 아테네 시민들 앞에서 소크라테스는 자신이 자연 철학자가 아닐 뿐만 아니라, 궤변이나 일삼는 소피스트와도 다르다는 것을 증명해야만 했다. 물론 이것은 결코 녹록한 일이 아니었을 테지만.

3 왜 신탁은 소크라테스보다 더 현명한 자는 없다고 응답했을까

여러분 중의 어떤 분은 아마도 제 말을 듣고 이렇게 말씀하실 수도 있을 겁니다. "그렇지만 소크라테스! 당신은 무슨 일을 했나요? 무슨 이유로 사람들은 당신을 이렇게 비방하게 되었을까요? 당신이 조금이라도 남과 달리 특이하게 행동하지 않았다면 그런 소문이 생기지 않았을 테지요. 당신이 다른 사람과는 달리 기이한 행동을 하지 않았다면 말입니다. 그러니 그것이 무엇인지 우리에게 말해 주시오. 우리가 당신에 대해 경솔하게 판단하지 않도록 말이오."라고 말씀입니다.

제가 이런 말을 듣는 것은 당연하다고 생각합니다. 지혜로운 자라는 저에 대한 명성과 이상한 논리를 펼치는 자라는 선입관을 갖게 한 이것이 도대체 무엇인지를 여러분께 말씀드리도록 하겠습니다. 그런데 여러분께서는 제가 농담하는 것으로 생각하실지 모릅니다. 하지만 분명히 여러분은 아셔야 합니다. 제가 여러분께 말씀드리는 것은 모두 진실입니다.

아테네인 여러분, 제가 명성을 얻게 된 것은 사실 다른 이유가 있어서가 아닙니다. 단지 지혜 때문입니다. 그러면 이것은 어떤 지혜일까요?

이것은 아마도 인간적인 지혜일 것입니다. 그러나 방금 제가 말씀드린 소피스트인 고르기아스, 프로디코스, 히피아스 등은 아마도 인간의 수준을 넘어서는 지혜를 지닌 사람들입니다. 이렇게밖에는 달리 제가 그것을 표현할 방법이 없네요. 저는 그런 지혜를 알지 못하기 때문이지요. 누구든지 제가 그것을 안다고 주장한다면 그는 저를 비방할 의도로 거짓말을 하는 것입니다.

그리고 아테네인 여러분, 동요하지 말아 주십시오. 설령 제가 여러분께 무언가 큰소리를 치는 것처럼 보일지라도 그러지 마십시오. 왜냐하면 비록 말은 제가 하겠지만 저는 제 말을 하는 것이 아니라 여러분도 신뢰할 만한 사람의 말을 인용하는 것이기 때문입니다. 사실은 저의 지혜에 대해, 그것이 과연 지혜의 일종인지 어떤 종류의 것인지에 대해서는 제가 델피의 신인 아폴론을 여러분께 증인으로 내세우겠습니다.

아마도 여러분께서는 카이레폰을 아실 겁니다. 이 사람은 젊었을 때부터 저의 동지이기도 했지만 민주정파 여러분의 동지이기도 했지요. 그는 지난번(기원전 404년) 참주 정권 때 여러분과 함께 추방을 당했다가 함께 돌아왔습니다. 여러분께서는 카이레폰이 그가 하고자 하는 일에 대해 얼마나 열정적인지 잘 알고 있습니다. 예전에 그는 델피까지 가서 감히 신탁의 응답을 구하고자 했지요. 그런데 여러분! 동요하지 마십시오. 사실 그는 소크라테스, 바로 저보다 더 현명한 사람이 있는지를 물었으니까요. 피티아 여사제인 무녀는 소크라테스, 즉 저보다 더 현명한 사람은 아무도 없다고 응답했습니다. 그리고 이것에 대해서는, 그가 죽었으므로 그와는 형제 관계에 있는 여기 이 사람, 즉 카이레크라테스가 증인이 되어 줄 것입니다.

소크라테스는 소피스트와는 다르게 가르침의 대가로 돈을 받지도 않았고 《구름》 속에서 아리스토파네스가 자신을 희화화한 것처럼 이상한 사람도 아니었다. 하지만 자신이 자주 사람들의 입방아에 오르내리는 데는 그만한 이유가 있을 것이라는 일반인들의 주장에 대해 수긍하면서 변론을 이어 간다.

그 이유는 자신이 다른 사람보다 사람이 가질 수 있는 인간적 지혜가 더 있기 때문이라는 것. 여기서 인간적 지혜라고 표현한 것은 소피스트와 거리 두기를 하려는 의도로 보인다. 왜냐하면 소피스트들은 스스로 초인간적 지혜를 가지고 있다고 말했기 때문이다. 하지만 그는 겸손하게도 자신은 인간적 지혜만을 가지고 있다고 말한다. 그리고 그 증거로 친구인 카이레폰이 델피 신탁에서 들은 "소크라테스보다 더 현명한 자는 없다."라는 응답을 거론하고 있다.

당시 델피에는 지혜의 신인 아폴론을 모시는 신전이 있었다. 그곳은 아폴론 신탁으로 유명했다. 신탁은 신의 계시로서 일종의 신의 응답을 말한다. 물론 신이 직접 응답을 하는 것은 아니다. 신전 중앙에는 유황 가스가 나오는 구멍이 있고, 신탁을 구하는 사람들이 질문을 던지면 여사제가 이 유황 가스를 마시고 환각 상태에서 뜻 모를 말을 주절거렸다. 그러면 다른 사제가 이 말을 다시 해석하여 신의 뜻을 설명해 준다. 카이레폰은 사제에게 "소크라테스보다 더 지혜로운 자가 있습니까?"라고 물었는데 사제는 "없다."라고 답했다고 한다.

그런데 여기서 그가 말하는 지혜는 사람들이 일반적으로 생각하는 지혜와는 거리가 있었다. 소크라테스는 모든 것을 알고 있는 지혜로운 자는 오로지 신뿐이라고 주장했다. 그러면서 자신은 단지 인간적인 지혜만을 지녔다고 말한다. 스스로 지혜로운 사람이라고 자처하는 것은 인간으로서 신에 대한 오만불손한 태도이며 오히려 이것은 지혜에 다가가는 길에 걸림돌이 될 뿐이라고. 이것은 당시에 철학자를 흔히 '지혜로운 자'가 아니라 '지혜를 사랑하는 자'라고 부른 것과 맥락을 같이한다.

즉, 진정 지혜로운 자는 세상에 오로지 신밖에 없다. 그러니 최고로 지혜로운 인간도 스스로의 무지를 자각하고 지혜로워지려고 노력하는 존재일 뿐이다. 지혜를 사랑하여 지혜로워지려고 노력하는 이러한 자세가 진정 지혜로운 사람이 되어 가는 첫걸음이라 생각한 것이다.

카이레폰은 소크라테스의 친구이자 제자면서 그의 열렬한 숭배자였다. 그는 민주정파 사람으로 기원전 404년 30인 참주 정권 때 추방되었다가 8개월 뒤인 기원전 403년에 다른 민주정파 사람들과 함께 돌아왔다. 그런데 소크라테스 재판 때 그는 이미 사망했기 때문에 소크라테스는 델피 신탁의 증인으로 그의 형제인 카이레크라테스를 요청한다.

소크라테스의 변론 중에 자주 등장하는 말이기도 한데 소크라테스가 법정 안의 사람들에게 "여러분 동요하지 마십시오."라고 요청하는 장면들이 나온다. 이상하지 않은가? 도대체 왜 동요하지 말라는 것일까? 그것은 그만큼 당시 법정이 오늘날과는 사뭇 달랐다는 것을 증명한다.

500여 명이나 되는 배심원들과 방청석의 수많은 사람들까지, 다양한 부류의 사람들이 법정에 들어와 있었다. 그들은 자신의 주장이 서로 옳다고 주장하는 고발인과 피고발인의 논박을 듣고 그들의 말투나 내용에 대해 서로 자신의 생각을 옆 사람과 속닥이기도 하고 그것을 전달하기도 하면서 재판정 안을 어수선하게 만들었다. 또한 고발인이나 피고발인이 발언을 할 때, 배심원이나 방청객들은 적극적으로 동의를 표하거나 때로는 탄식을 하면서 군중 심리까지 자극해 법정은 늘 웅성거렸다. 그런 까닭에 소크라테스는 변론하는 도중 동요하지 말라는 요청을 여러 차례 반복한 것이다.

그런데 소크라테스가 델피의 신탁을 내세운 것은 치명적 실수였을지도 모른다. 아폴론은 당시 아테네 사람들의 미움을 받고 있었기 때문이다. 당시 아테네 시민에게 아폴론은 아테네와 싸운 상대방인 스파르타의 편을 든 신이었기 때문이다. 투키디데스에 따르면, 스파르타인들이 아테네와 전쟁을 하는 것이 옳은지에 대해 신탁에 묻자, 아폴론은 스파르타의 요청 여부와 상관없이 자신은 그들 편을 들겠다고 응답했으니 말이다. 그리고 사람들은 전쟁 중 전염병을 아테네에 보내 시민들의 목숨을 앗아 가게 만든 주범 역시 아폴론이라고 믿고 있었다. 따라서 아폴론을 거론한 소크라테스의 변론은 결국 그에게 좋은 결과를 가져다주지 못한 여러 원인 중의 하나로 작용했을 것이라고 후세인들은 추측한다.

4 신탁의 참뜻을 구하고자 정치인들을 만나 캐묻다

그러면 여러분께서는 무엇 때문에 제가 이런 말을 하는지 생각해 보십시오. 그것은 저에 대한 선입관이 어떤 이유로 생기게 되었는지 제가 여러분께 알려 드리려고 했기 때문에 나온 것입니다. 저는 이런 생각을 했습니다. "도대체 신은 무엇을 말하고자 하는 것일까? 도대체 무엇을 암시하고 있는 것일까? 내 스스로 지혜로운 자가 아니라는 것을 잘 알고 있는데, 신이 나를 두고 가장 지혜로운 사람이라고 단정적으로 말하는 것은 도대체 무슨 뜻일까?"라고 말이죠. 어쨌든 신이 거짓말을 하지 않을 것은 분명하니까요. 그리고 저는 오랫동안 도대체 신탁이 뜻하는 바가 무엇인지가 매우 궁금했고 그 뜻을 알아내기 위해 노력했습니다.

그래서 저는 사람들이 현자라고 여기는 사람들 중의 한 사람에게 찾아갔습니다. 그 신탁에 대해 논박을 하고, 그 신탁의 응답에 대해 "여기 있는 이 사람이 저보다 더 지혜롭습니다. 그런데 당신(신)께서는 제가 가장 지혜롭다고 하셨습니다."라는 말을 하고자 했던 것입니다. 그래서 이 사람을 이리저리 살펴보았습니다. 그는 정치인들 중의 한 명으로 제가 굳이 이름을 거론할 필요까지는 없다고 생각합니다. 아테네인 여러분, 저는 그를 지켜보고 그와 대화를 나누었습니다. 그리고 이런 생각을 했습니다. 많은 사람들은 이 사람을 지혜롭다고 생각하고 특히 그 자신이 스스로 그렇게 생각하고 있는 듯하지만, 나는 그렇게 생각지 않는다고 말입니다. 그래서 저는 그가 스스로 지혜롭다고 생각하지만 실은 그렇지 않다는 것을 알려 주려고 했습니다. 그 결과 저는 그 사람과, 같이 있던 많은 사람들로부터 미움을 받게 되었습니다.

저는 그 자리를 떠나면서 마음속으로 이런 결론을 내렸습니다. "이 사람보다 내가 더 현명해. 사실 이 사람은 훌륭함에 대해 전혀 알지 못하면서 스스로 대단한 것을 알고 있다고 착각하며 살고 있지. 하지만 나는 내가 알고 있다는 생각도 하지 않기 때문에 적어도 이 사람보다는 사소한 한 가지, 즉 내가 알지 못하는 것을 알고 있다고 생각하지 않는다는 사실로 인해 더 현명한 것 같아."라고 말입니다. 이어서 저는 그 사람보다도 더 지혜롭다고 여겨지는 다른 사람에게 갔었는데 그 사람 역시 마찬가지였습니다. 그로 인해 그곳에서도 그 사람으로부터, 또 다른 많은 사람으로부터 저는 미움을 사게 되었습니다.

신탁을 전해 들은 소크라테스는 자신이 지혜롭지 않음에도 불구하고 소크라테스보다 더 지혜로운 자가 없다는 신탁의 참뜻을 이해하고자 노력한다. 왜 신이 현명하지도 않은 자신을 가장 현명한 사람으로 말했는지가 내내 궁금했기 때문이다. 따라서 그는 그 의문을 해결하기 위해 지혜롭다고 알려진 사람들을 찾아 나서게 된다. 그들이 자신보다 더 현명하다는 것을 증명해서 신께 왜 자신을 현명한 사람이라고 지목했는지를 여쭐 생각이었다.

소크라테스가 처음으로 선택한 현자는 정치인이었다. 그는 다른 사람들로부터 지혜롭다고 칭송을 받는 사람이었고 특히 그 스스로 자신을 매우 지혜롭다고 생각하는 사람이었다. 하지만 소크라테스는 그와 대화를 한 후 더 이상 그를 지혜롭다고 여기지 않게 되었다. 그리고 그보다 자신이 더 현명하다고 생각하게 되었다. 왜냐하면 얼핏 보면 그는 지혜로워 보였으나 사실 자신이 모르고 있다는 것조차 알지 못하고 있었기 때문이다.

하지만 소크라테스는 자신이 모르고 있다는 사실을 알고 있기에 현자라 불리는 사람보다 더 현명하다고 생각한다. 그리고 그 현자가 모르고 있다는 사실을, 즉 무지를 자각하게 해 주려고 했다. 그런데 그가 상대한 현자들은 자존심이 강해서 자꾸만 어려운 질문을 해서 자신들을 곤란하게 만드는 소크라테스를 도리어 미워하게 된다. 그러니까 소크라테스는 자신에 대한 사람들의 선입견과 편견의 원인을 그의 캐묻는 대화법에서 찾았다. 그러한 캐물음이 반복되면서 그는 더욱 많은 사람들로부터 미움과 증오의 대상이 되었다는 것이다.

플라톤의 대화편 여러 곳에서 소크라테스의 독특한 질문 방식이 발견된다. 소크라테스의 산파술은 이 독특한 질문 방식으로부터 시작된다. 이 방식은 상대방에게 계속 질문을 던짐으로써 상대방 스스로 잘못되었다는 사실을 인정하도록 만드는 논박 방식이었다. 구체적으로 예를 들자면, 소크라테스는 현자가 알고 있다고 생각하는 것에 대해 계속해서 질문을 던진다. 현자는 처음에는 곧잘 대답하다가 이내 답변이 궁해지고 그의 머릿속은 하얘지면서 '아! 내가 알고 있다고 생각했는데…, 인정하고 싶지는 않지만 사실은 내가 모르고 있었구나.'라는 무지의 자각에 도달하게 된다.

이것은 마치 소크라테스가 산모 곁에서 "힘줘!"라고 외치며, 산모에게 도움을 주는 산파처럼 무지를 자각할 수 있도록 도와준다는 의미에서 산파술이라고 불린다. 아이를 대신 낳아 주는 것이 아니라, 즉 질문에 대한 정답을 직접적으로 제시하는 것이 아니라 질문을 통해 무지의 자각을 일깨우는 방식인 셈이다.

물론 이 과정에서 무지를 자각한 현자들은 한편으로는 자신이 그동안 지적 우월감에 젖어 다른 사람들에게 오만했음을 반성하고 더욱 정진하는 경우도 있을 것이다. 하지만 대다수의 사람들은 거리의 걸인이나 다름없는 소크라테스에 의해 현명하다고 여겨지던 자신이 실제로는 무지하다는 사실이 드러난 것에 강한 수치심을 느끼게 된다. 더 나아가 자신에게 모욕감과 수치심을 주었다는 이유로 인해 소크라테스에게 강한 증오심까지 갖게 된다. 이런 과정이 반복되면서 이 현자들의 지지자들까지도 소크라테스를 미워하게 되었다는 것이 소크라테스의 주장이다.

《메논》을 보면, 소크라테스는 이 재판의 당사자인 아니토스에게도 아들 교육조차 제대로 시키지 못한 사람이라고 몰아붙이는 장면이 나온다. 그러자 아니토스는 분노하면서 소크라테스를 향해 몸조심을 해야 할 것이라고 강하게 경고하는데, 그 결과가 이 고발이었을지도 모른다. 이런 부분에 대해서 철학자 제임스 A. 콜라이아코는 소크라테스를 헤라클레스와 견주어 설명한다. 힘과 끈기로 유명한 헤라클레스가 곤봉, 활, 화살, 검 등의 무기를 사용하여 괴물들과 맞선 것처럼 소크라테스는 반대 심문이라는 무기를 사용하여 아테네 시민들의 무지에 맞서 싸웠다는 것이다.

특히 소크라테스는 유명한 정치인들을 많이 비판했는데, 그런 대목은 《고르기아스》에서도 보인다. 그는 정치가인 밀티아데스와 테미스토클레스, 키몬, 페리클레스가 아테네를 도덕적으로 퇴보시켰기 때문에 결코 좋은 정치인이 아니라고 말한다. 하지만 이러한 비판에 대해 아테네 시민들은 그가 단지 일부 정치인을 비판한 것을 넘어서 아테네라는 도시 국가 전체를 모독한 것으로 받아들였다. 왜냐하면 소크라테스가 비판한 사람들 대다수가 아테네의 민주정을 확립하거나 발전시키는 데 공헌한 사람들이기 때문이다.

5 현자라고 생각되는 시인들을 만나 논박을 펼치다

신탁의 참뜻이 무엇인지 알아보기 위해 저로서는 뭔가를 알고 있다고 여겨지는 모든 현자들에게 찾아갈 수밖에 없었습니다. 저는 맹세코 여러분께 진실을 말해야 하니까요. 아테네인 여러분! 솔직히 사람들을 만나면서 저는 공통된 어떤 느낌을 갖게 되었습니다. 그것은 평판이 좋은 사람들이 오히려 가장 모자란 사람들이고, 반면에 이들보다는 부족한 것으로 평가받는 사람들이 오히려 자신의 무지를 자각하는 분별력이 있어 더 나은 사람들로 여겨진다는 것입니다. 여러분께 마치 힘든 일을 치르고 얻어 낸 결과라도 되는 것처럼 저의 편력에 대해 말씀드린다면, 저는 이제 "소크라테스보다 더 지혜로운 자는 없다."라는 그 신탁의 선언을 반박할 수 없게 되었습니다.

저는 정치인들을 만난 후에, 비극 시인들과 주신(酒神)인 디오니소스에게 바치는 서정시 디티람보스를 쓰는 시인, 그리고 다른 시인들에게로 찾아갔습니다. 그들과의 대화를 통해 제 스스로 그들보다 더 무지하다는 것이 그 자리에서 드러났으면 했습니다. 그래서 저는 그들이 쓴 시 중에서 제가 보기에 가장 공들여 힘들게 쓴 것으로 보이는 것을 골라 그것이 무엇을 뜻하는지를 그들에게 물어보았지요. 이렇게 한 이유는 그들로부터 무엇인가를 배우기 위함이었지요. 그런데 여러분께 이런 진실을 말씀드리기가 참으로 부끄럽습니다. 하지만 어떻게 해서라도 말씀을 드려야겠네요.

왜냐하면 그들이 지은 거의 모든 시에 대해 그들 자신보다도 옆에 같이 있던 다른 사람들이 오히려 더 잘 설명했기 때문입니다. 따라서 저는 오래 걸리지 않아서 그 시인들로부터 깨달을 수 있었지요. 이들은 지혜를 가지고 시를 짓는 것이 아니라 어떤 소질에 의해, 마치 예언자들이나 신탁을 들려주는 사람들처럼 영감을 얻은 상태에서 시를 짓는다는 것을요.

시인들 또한 아름다운 것을 많이 말하기는 했지만 자신들이 말하는 것에 대해 아무것도 알지 못했습니다. 그들 역시 정치인들과 마찬가지로 모르면서 알고 있다고 착각하고 있다는 것을 저는 알게 되었지요. 더불어 이들은 시를 잘 짓는다는 이유로 자신들이 다른 분야에 있어서도 가장 현명한 사람인 양 착각하고 있다는 것을 알게 되었습니다. 그래서 저는 전에 정치인들보다 제가 더 나은 사람이라 생각했던 것과 같은 이유로 시인들보다도 제가 더 지혜롭다고 스스로 생각하고 그 자리를 떠났습니다.

정치인들과의 대화 이후 소크라테스는 시인들을 찾아가서 대화를 나눈 사실을 들면서 자신을 변론한다. 고대 그리스에서 일반적으로 지혜롭다고 평을 듣는 사람들은 호메로스를 비롯한 시인들이었다. 그래서 그는 비극 시인이든 술의 신 디오니소스의 영예를 노래하는 찬가인 디티람보스를 쓰는 시인이든 당대 최고의 시인들과 대화를 나눈다. 그는 그들로부터 무엇인가를 배우기 위해 그들이 가장 공들여 쓴 시를 골라 그 의미에 대해 물어보았다. 하지만 아쉽게도 그들로부터는 만족스러운 답변을 들을 수가 없었고 오히려 시를 지은 시인보다 함께 있던 다른 사람들로부터 그 대답을 들을 수가 있었다.

이런 이유로 소크라테스는 시인들이 시를 짓는 것은 그들이 지혜로워서가 아니라 어떤 소질이나 영감에 의해서라는 것을 깨닫게 된다. 그런데 정작 시인들 자신은 정치인들과 마찬가지로 스스로 제대로 알지 못하면서도 자신들이 지혜롭고 잘 알고 있다고 착각하고 있었다.

즉, 시인들의 경우도 정치인들과 마찬가지로 잘 알지도 못하면서 아는 것처럼 행동하고 자신이 시를 잘 쓴다는 이유로 마치 모든 분야를 망라해서 다 아는 것처럼 행동하는 것을 보고 소크라테스는 크게 실망하게 된다. 그래서 그는 다시 한 번 느끼게 된다. 무지를 자각한 그 자신보다 더 현명한 사람은 없다는 신탁의 응답이 맞았다는 것을.

소크라테스가 했던 말로 우리에게 가장 먼저 떠오르는 말은 무엇인가? 바로 "너 자신을 알라."일 것이다. 사실 이 표현은 소크라테스가 처음 사용한 것이 아니다. 고대 그리스 아테네의 델피 신전 기둥에 쓰여 있던 일종의 낙서와도 같은 말이었다. 델피 신전을 들어가려면 기둥을 지나가게 되는데 그때 마치 신 앞에 나아가는 것과 같은 경건한 마음이 들게 마련이어서 이런 경구를 써 놓은 것이다. 모든 것을 아는 지혜의 신 아폴론 앞에서 취해야 할 인간의 자세가 바로 "너 자신을 알라."라는 말이다. 인간은 모든 것을 알 수 없으니 무지하다는 사실을 직시하고 신에 대해, 진리에 대해 겸손한 자세를 취해야 한다는 뜻이다. 소크라테스는 그러한 자세야말로 진리에 다가가는 첫걸음이요, 신 앞에서 인간이 가져야 할 기본적인 자세라고 여겼다. 길거리에서, 시장에서 사람들에게 끊임없이 했던 질문의 목적은 그들에게 자신이 묻는 질문에 대한 정답을 주기 위함이 아니었다. 오히려 질문을 통해 그들이 사실은 잘 모르고 있다는 무지의 자각을 유도하기 위한 것이었다. 그리고 이것이 아테네 시민들에 대한 그의 철학적 소명이라고 소크라테스는 굳게 믿었다.

6 장인들을 만나 캐물으며 신탁의 참뜻을 깨닫다

그 후 저는 공예품을 만드는 장인들에게로 갔습니다. 저는 실제로 아무것도 아는 것이 없다는 것을 스스로 의식하고 있었으나 적어도 이 사람들만큼은 많은 것을, 그것도 훌륭한 것을 많이 알고 있는 사람들임을 발견하게 되리라 기대했기 때문입니다. 그리고 저는 이 점에 있어서 결코 잘못 판단하지 않았습니다. 왜냐하면 이들은 제가 모르고 있는 많은 것을 알고 있었으며 이 점에서 저보다 훨씬 더 현명했으니까요.

아테네인 여러분! 그러나 훌륭한 장인들 역시 시인들과 똑같이 잘못된 생각을 하고 있었습니다. 그것은 이들 각자가 제 분야에서 자신의 기술을 훌륭히 발휘할 수 있다는 바로 그 이유 하나만으로 다른 분야에서도 자신을 가장 현명한 사람으로 여기고 있다는 점입니다. 제게는 이들의 이런 잘못된 생각이 참된 지혜를 가려 버리는 것으로 보였습니다. 그래서 저는 그 신탁의 응답에 대해 스스로에게 물어보았죠. 지금의 저 자신, 즉 결코 지혜롭지도 않지만 무지하지도 않은 쪽을 받아들일 것인지 아니면 그들이 처해 있는 양쪽 모두, 즉 자신들의 분야에 있어 지혜롭지만 중요한 다른 문제에 대해 무지하면서도 무지하다는 사실조차 모르는 상태를 받아들일 것인지 말입니다. 결국 저는 저 자신과 그 신탁의 응답에 대해 지금의 저 자신처럼 있는 것, 즉 결코 지혜롭지도 않지만 무지하지도 않은 쪽이 저에게는 유익할 것이라고 스스로에게 답했습니다.

정치인, 시인에 이어 소크라테스는 장인들을 찾아가서 그들과 대화하며 그들의 현명함을 발견하고자 한다. 여기에서 장인이란 목수, 구두장이, 건축가, 조각가, 의사, 예술가 등을 말한다. 하지만 그들 역시 앞서 만났던 사람들과 동일하게 자신들의 분야에서만큼은 지혜로울지 모르겠으나 다른 분야에서는 전혀 그렇지 않았다. 그럼에도 불구하고 그들은 마치 다른 분야에서도 지혜로운 듯이 오만한 태도를 보이고 있었다.

결국 소크라테스는 무지를 자각하고 있다는 측면에서 자신이 그들보다 더 지혜롭다는 사실을 인정할 수밖에 없었다. 그러면서 그는 스스로 진지하게 묻는다. 지금의 자신, 즉 결코 지혜롭지도 않지만 자신이 모르고 있다는 사실을 알고 있는 경우가 더 나은가 아니면 정치인, 시인, 장인들처럼 자신들의 해당 분야에 있어 매우 지혜롭지만 중요한 다른 분야에서는 사실 무지하면서도 스스로 무지하다는 사실조차 모르는 상태가 더 나은지를 말이다.

여기서 소크라테스는 전자를 택하게 된다. 이는 스스로의 무지를 자각하고 인정하는 것이야말로 진리에 도달하는 길이라는 것을 선언하는 말이었다. 정치인이나 시인보다 장인들에 대한 이러한 그의 언급이 어쩌면 배심원들의 심기를 더욱 건드렸을지 모른다. 왜냐하면 배심원들 대다수는 평범한 사람들이었고 주로 농민이나 장인에 해당하는 사람들이 많았기 때문이다. 그런데 자신들이 자신의 전문 분야도 아닌 다른 분야까지도 잘 아는 것처럼 잘난 체를 한다고 소크라테스가 지적하자 당사자들인 배심원은 화가 났을 것이다.

소크라테스가 상대방에게 주로 사용한 대화 방법은 반대 심문이었다. 예를 들면, 그는 지혜, 용기, 경건 등의 정의에 대해 그 의미를 알고 있다고 자신하는 사람들을 상대로 그 의미에 대해 물었다. 하지만 그들은 그 의미가 반영된 사례 정도를 제시할 뿐이지 그 의미에 대해서는 명확하게 답변하지 못했다. 현명하다고 여겼던 대화 상대자가 많은 사람들 앞에서 무지를 드러내자 이를 지켜보는 구경꾼들은 재미있어했다. 하지만 정작 당사자는 좌절감을 느끼고 수치심에 화가 날 수밖에 없었고 그 분노를 소크라테스에 대한 적개심으로 돌리게 된 것이다.

플라톤의 《향연》을 보면 알키비아데스는 소크라테스의 말을 들을 때마다 자신의 심장이 (운동 등을 통해) 심장 박동이 세차게 뛰는 사람들의 심장보다도 더 세차게 뛰고 눈에서는 눈물의 비가 내린다고 말한다. 그러면서 유명한 웅변가였던 페리클레스의 연설보다 오히려 소크라테스의 말에 더 감동을 받았다고 고백한다. 플라톤의 《메논》에 메논이 소크라테스와 대화를 나누며 자신의 혀가 마비되었다고 고백하는 구절이 있는 것처럼, 소크라테스의 말솜씨는 매우 뛰어났다. 하지만 그의 말솜씨가 뛰어날수록 대화 상대자는 그에 대해 반감을 가졌고 오히려 그를 증오했다.

그럼에도 불구하고 사람들을 향한 소크라테스의 반대 심문은 그치지 않았다. 그들의 무지를 자각하게 하기 위함이었다. 그에 따르면, 사람들은 자신의 무지를 뼈저리게 느끼게 되면 겸손해지고 자신의 판단과 행동이 혹 잘못된 것은 아닌지 끊임없이 성찰하고 반성하게 된다는 것이다. 그러한 인간이야말로 소크라테스가 추구한 진정한 인간이요, 이상적인 인간이었던 것이다.

7 자신에 대한 비난과 칭송의 이중적 평가에 대해 논하다

아테네인 여러분, 끊임없이 캐묻는 질문 때문에 저에 대한 증오심이 생겼는데, 그것은 매우 고약하고 심각한 것이라서 사람들은 마침내 저를 비방하기에 이르렀습니다. 하지만 다른 한편으로, 저는 현자라는 이름을 얻게 되었지요. 그것은 제가 사람들에게 캐물을 때마다 저와 함께 있던 사람들이 다른 사람과 논박하는 과정에서 제가 더 지혜롭다고 판단했기 때문입니다.

그러나 여러분, 사실 지혜로운 것은 신입니다. 신탁은 인간적인 지혜가 별로, 아니 그다지 가치가 없다는 것을 말하는 것처럼 보입니다. 왜냐하면 신은 이 소크라테스를 치켜세우기는 하지만 저를 본보기 삼아 저의 이름을 이용한 것처럼 보이기 때문입니다. 마치 신은 이렇게 말하는 것처럼 느껴집니다. "인간들아, 소크라테스처럼 자신이 전혀 보잘것없다는 사실을 깨달은 자가 가장 지혜로운 자이다."라고 말입니다.

이런 이유로 저는 아직까지도 시민들이나 다른 나라 사람들 중에서 누군가 지혜로운 사람이라고 생각되면 그를 찾아가 살펴보고 있습니다.

그리고 제가 보기에 그 사람이 지혜롭지 않다고 생각되면 저는 그가 지혜롭지 못하다는 것을 지적해 주었지요. 그리고 이렇게 바쁘게 살다 보니 저는 나랏일이나 집안일을 돌볼 여유가 없었습니다. 신의 소명에 따라 사느라 저는 오히려 매우 가난한 처지가 되었습니다.

한데, 부자들의 자식들 중 시간이 아주 많이 남는 젊은이들이 스스로 원해서 저를 따라다녔습니다. 이들은 사람들이 캐물음을 당하는 걸 보면서 즐거워하고, 때때로 저를 흉내 내어 자신들도 다른 사람들에게 캐묻기를 시도했습니다. 그러는 과정에서 이들은 캐물음을 당한 사람들이 스스로 대단한 것을 알고 있는 것으로 생각하지만 사실 아는 것이 별로 없거나 전혀 없다는 사실을 알게 되었습니다. 어쨌든 이렇게 해서 캐물음을 당한 사람들은 저에게 불쾌감을 느꼈고 화를 냈지만 이들에게는 그렇게 하지 않았지요. 캐물음을 당한 사람들은 소크라테스가 매우 혐오스러운 자이며 젊은이들을 타락시킨다까지 말했습니다.

하지만 누군가가 정작 그들에게 '소크라테스가 무슨 짓을 하고 다니기에 그런 말을 하느냐, 또 무엇을 가르치기에 그러느냐?'라고 물어보면 그들은 전혀 답변을 하지 못했습니다. 그러나 이들은 자신들이 당황스러워하는 것을 들키지 않으려고 흔히 철학하는 사람들에게 비난조로 쉽게 할 수 있는 말을 늘어놓습니다. "하늘 높이 떠 있는 것과 지하 세계에 있는 것을 탐구한다."라거나 "신들을 믿지 않는다."라거나 또는

"빈약한 주장을 강력한 주장으로 만든다."라고 말입니다.

저는 그들이 이렇게 말하는 것은 진실을 말하고 싶어 하지 않기 때문이라고, 즉 자기들이 아는 체하고 있기는 하지만 아는 것이라고는 아무것도 없다는 것을 인정하고 싶지 않기 때문이라고 생각합니다. 제가 보기에 이들은 자존심이 강하고 명예를 매우 강하게 탐하는 사람들입니다. 그래서 이들은 그동안 저를 비난하기 위해 전력을 다해 왔고 오랫동안 격렬하게 저를 비방하는 말로 여러분의 귀를 가득 채웠던 것이지요.

이런 사실에 힘입어 멜레토스, 아니토스, 리콘도 저를 공격하게 된 것입니다. 멜레토스는 시인들을 대신해서, 아니토스는 장인들과 정치인들을 대신해서, 리콘은 변론가들을 대신해서 그런 겁니다. 그래서 제가 처음에 말씀드린 것처럼 여러 사람들의 이 선입견을 제가 이처럼 짧은 시간 안에 여러분으로부터 제거한다는 것은 제 스스로에게도 놀랄 일입니다.

아테네인 여러분! 이것이 여러분께 밝히는 저에 대한 진실입니다. 그리고 저는 여러분께 크든 작든 간에 그 어떤 것도 숨기지 않고 아무런 거리낌도 없이 말씀드리고 있습니다. 그렇지만 저는 바로 이런 일로 인해 제가 미움을 받고 있다는 것을 알고 있습니다. 이것은 또한 제가 진실을 말하고 있다는 것, 저에 대한 선입견이 생긴 이유라는 것의 증거이기도 합니다. 여러분께서 지금이든 나중이든 살펴보시면 제 말이

틀림없다는 것을 확인하시게 될 것입니다. 그러면 저를 최초로 고발한 사람들이 주장한 내용들과 관련한 저의 변론은 이것으로써 충분하다고 생각되어 마치겠습니다.

소크라테스는 신이 자신을 본보기로 삼아 지혜의 참된 의미를 전하려고 했다고 주장한다. 이 말은 신이 사람들에게 무지한 자신을 내세워 어리석고 오만한 인간들의 무지를 일깨우고 있다는 의미이다. 사실 소크라테스의 이 말 역시 배심원들에게는 오만하게 비쳤을 가능성이 농후하다. 소크라테스 자신을 마치 아폴론 신의 대리인인 것처럼 주장하고 있기 때문이다.

어쨌든 소크라테스는 자신이 무지하다는 것을 자각하고 있는 반면 그것을 인정하려 들지 않는 정치인들, 시인들, 장인들은 진실을 감추려고 자신을 비방했고, 그로 인해 자신에 대한 잘못된 선입견이 생겼다는 것을 재차 설명한다. 그와 더불어 자신이 현자라고 소문이 나게 된 배경을 밝힌다.

당시 아테네에서는 즐기며 놀거리가 별로 없었다. 그래서 거리나 시장에서 소크라테스의 논박 과정을 지켜보는 것은 사람들에게 큰 구경거리였다. 보잘것없는 소크라테스가, 특히 자신은 아는 것이 하나도 없다고 말하면서 질문을 던지는 그가 오히려 똑똑하다고 소문난 소피스트들은 물론이고 정치인, 시인, 장인들까지 쩔쩔매게 만드니 사람들은 탄성을 지르며 좋아했을 것이다. 특히 할 일이 없어 소일거리를 찾고 있었던 부잣집 자제들은 소크라테스의 이런 대화식 논박을 흥미롭게 지켜봤을 것이다. 그러면서 그들은 때로는 소크라테스를 흉내 내어 다른 사람들에게 캐묻고 그들이 쩔쩔매는 모습을 보며 좋아했다.

처음에, 사람들은 허름한 차림의 석수장이 아들인 소크라테스가 온종일 시장을 돌아다니며 아무하고나 기꺼이 토론하면서 사람들에게 대답하기 어려운 것에 대해 물어보는 것을 지켜보면서 그를 괴팍한 소피스트 정도로 생각했다. 그런데 부잣집 자제들마저 그를 따라다니며 흉내 내니 그를 달리 보았을 것이다. 여기에 소크라테스나 부잣집 아들로 인해 사람들 앞에서 망신을 당하고 수치심과 분노를 느낀 사람들, 특히 사회 지도층이던 사람들은 소크라테스를 미워하게 된다. 그리고 이들은 소크라테스에 대해 달리 꼬투리를 잡을 것이 없으니 철학자들에게 흔히 하기 쉬운 비난조의 말로 그를 비방했다. 그 대표적인 예가 바로 아리스토파네스의 《구름》에서 그를 비하한 내용들이다. 즉 "하늘 높이 떠 있는 것과 지하 세계에 있는 것에 대해 탐구한다."라든가 "신들을 믿지 않는다."라든가 또는 "빈약한 주장을 더 강력한 주장으로 만든다."라는 말들이다. 이렇게 해서 오랜 시간에 걸쳐 자신에 대한 잘못된 선입견이 생겨난 것이라고 소크라테스는 변론한다.

이 변론의 마지막에 그는 스스로의 무지를 밝히듯이 아무것도 숨김없이 말하는 자신의 주장이 진실이라는 것을 내세우면서 이 재판 이전에 자신에 대해 생겼던 많은 선입견과 편견을 짧은 변론만으로 해결할 수 없음을 안타까워한다. 하지만 과연 배심원들도 그와 같은 심정이었을까? 추측해 보자면 그렇지 않았을 것이다. 자신만이 진실을 말하고 있다는 주장은 오히려 건방지다는 오해를 살 소지가 높았기 때문이다. 더구나 그의 능수능란한 말솜씨를 겪은 사람들에게 그런 말을 던지는 것은 마치 소피스트가 진실만을 이야기한다고 내세우는 것처럼 들렸을지도 모른다. 어쨌든 이로써 소크라테스는 오래된 선입견이라는 첫 번째 고발에 대한 변론을 마친다.

III

멜레토스, 아니토스, 리콘의 고발에 대한 변론

　이제 소크라테스는 멜레토스, 아니토스, 리콘의 고발에 대해 변론을 하는데, 이것은 법적인 고발에 대한 실질적인 변론인 셈이다. 그는 먼저 자신을 기소한 이유를 두 가지로 밝히고 변론에 임할 것을 다짐한다. 첫째, 젊은이들을 타락시켰다는 주장에 대해, 둘째, 국가가 믿는 신을 믿지 않는다는 것에 대해.

　소크라테스는 자신이 젊은이들을 타락시킨 적도 국가가 믿는 신을 믿지 않은 적도 없다면서 고발당한 이유는 단지 자신의 캐물음에서 비롯된 자신에 대한 선입견과 중상모략 때문이라고 말한다. 하지만 신으로부터 부여받은 자신의 소명은 철학하는 일, 사색하는 일이며 끊임없이 사람들과 대화하고 캐묻는 일이라고 주장한다. 그리고 이것이 바로 안일에 빠진 아테네를 자극하는 등의 역할을 자처한 이유라고 밝힌다. 그는 다른 피고발인들이 배심원들에게 불쌍하게 보여 동정심을 유발하려고 드는 것에 반해 자신은 그러지 않을 것임을 선언하면서 오직 배심원들과 신에게 공정한 판결을 맡긴다고 힘주어 말한다.

1 법정에 서게 된 고발 이유를 밝히고
변론에 임할 것을 다짐하다

스스로를 선량하고 나라를 사랑하는 사람이라 말하는 멜레토스와 이하 고발인들에 맞서 저의 변론을 시작하도록 하지요. 그러면 마치 이들이 다른 고발인들이라도 된 것처럼 그들의 선서 진술서를 다시 한번 검토해 봅시다. 그것은 대충 이렇습니다. "소크라테스는 젊은이들을 타락시키고 있으며, 나라가 믿는 신들을 믿지 않고 다른 새로운 영적인 것들을 믿음으로써 죄를 범하고 있다." 이제 이 내용을 하나하나 자세히 검토하도록 하지요.

소크라테스는 멜레토스, 아니토스, 리콘 등이 자신을 고발한 죄의 내용을 밝히면서 그에 대해 변론하려고 한다. 소크라테스의 죄는 첫째, 아테네의 젊은이들을 타락시켰다는 것, 둘째, 국가가 믿는 신을 믿지 않고 다른 새로운 영적인 것들을 믿는다는 것이다. 하지만 고발장에는 타락시켰다고 주장하는 젊은이들의 이름 하나조차 나열되어 있지 않았을 정도로 구체적인 내용이 없었다. 그 이유는 두 번의 과두정이 끝나고 민주정이 자리를 잡아 가면서 기원전 403년, 과거 과두정을 지지했던 사람들을 고발할 수 없다는 사면령을 내림으로써 과두정파와 민주정파의 정치적 화해를 시도했기 때문이다.

그런 까닭에 사면령 이전에 있었던 아낙사고라스의 불경죄도 고발할 수 없었다. 소크라테스 재판 직전에 안도키데스가 불경죄 혐의로 고발되었으나 역시 무죄 판결을 받았다. 그 판결의 주요 쟁점은 원고 측이 사면령을 어겼는지의 여부였다. 이런 실정이었으니 소크라테스의 원고 측도 이를 의식하지 않을 수 없었다. 그래서 원고 측은 기원전 403년 이전에 소크라테스가 이곳저곳을 다니며 행했던 언행을 고발하고 싶었겠지만 그럴 수가 없었다.

따라서 그들은 기원전 403년부터 재판이 진행되던 기원전 399년까지 4년 동안 있었던 행적만을 근거 삼아 고발할 수밖에 없었고 그에 따라 내용도 빈약했던 것이다. 더구나 소크라테스의 제자이자 친구였던 크리티아스, 카르미데스, 알키비아데스 등을 들먹이며 소크라테스를 기소할 수도 없었다. 크리티아스는 플라톤의 친척으로 종교적으로 신성 모독에 연루되었으며 30인 참주 중의 한 사람이다. 카르미데스는 플라톤의 삼촌으로 크리티아스의 친척인데, 소크라테스의 권유로 정치에 입문했으며 기원전 404년 과두정에 참여했다. 알키비아데스는 재앙으로 끝난 시칠리아 원정 중에 아테네를 배신하고 스파르타 쪽에 가담했으며 기원전 411년 과두정에도 참여한, 아테네 민주정과는 거리가 있는 인물이었다.

그런데 이 세 사람은 소크라테스와 매우 긴밀한 관계에 있었고 이들의 행동 때문에 아테네인들은 깊은 상처를 받았다. 당시 이들과의 친밀한 관계 때문에 소크라테스도 시민들로부터 미움을 받았다. 하지만 사면령 때문에 그를 기소할 수는 없었다. 그런데 사면령 이후 여러 개혁이 단행되면서 소크라테스를 기소할 수 있는 사회적 분위기가 서서히 조성되기 시작했던 것이다. 그러다가 기원전 399년, 소크라테스에 대한 시민들의 적의는 극에 달했고 민주 정치를 안정시켜야 한다는 여론도 강하게 일어났다. 기회만 되면 빈번히 민주정을 비난하는 목소리를 내는 소크라테스와 그의 주변 인물들을 제거하기 위해 기회를 엿보던 아니토스 등에게는 절호의 기회가 온 것이다.

그렇다면 당시 이들의 기소는 옳은 것이었을까? 원래 아테네는 다신교 국가였다. 올림포스 12신은 말할 것도 없이 너무나 많은 신을 자유롭게 믿는 국가였다. 아울러 아테네가 당시 상업 도시로서 번성했다는 점을 상기해 본다면 외국인의 잦은 출입이 있었고 그들의 신앙에 대해서도 개방적이었을 것은 능히 짐작할 수 있다. 이런 실정에서 국가가 믿는 신을 믿지 않았다는 이유로 다 늙은 노인을 사형에 처할 것을 요구하는 고발장을 쓸 수 있었을까 하는 의구심이 들 정도다.

젊은이를 타락시켰다는 고발 내용도 마찬가지였다. 소크라테스는 젊은이들에게 나쁜 짓을 시킨 것도 아니고 억지로 그의 철학이나 사색 활동을 강요한 것도 아니었다. 젊은이들에게 불법을 강요한 것도 아니고 탈법을 종용한 것도 아니었다. 단지 끊임없이 사색하는 일과 철학하는 일, 그리고 무지를 자각해야 한다고 강조하면서 거리나 시장에서 현자, 지자라고 알려진 사람들, 스스로 지혜롭다고 자처하는 사람들에게 묻고 또 캐물었던 죄밖에 없었다. 그리고 소크라테스 곁에서 이를 지켜보던 젊은이들이 소크라테스의 대화술에 감동을 받아서 그에게 찬사를 보내고, 그를 흉내 냈을 뿐이다.

소크라테스가 사람을 죽인 것도 아니고 누구를 폭행한 것도 아닌데 일흔 살 노인을 굳이 사형에 처하기 위해 고소 고발을 강행한 것은 왠지 앞뒤가 맞지 않는 일이었다. 그러나 그 근본 원인은 정치적 상황과 밀접하게 맞물려 있었다. 당시 아테네는 과두정을 와해시키고 민주정을 수립했지만 아직 상황은 불안정한 실정이었다. 그런데 민주정에 반대되는 입장을 노골적으로 표명했지만 정치적 영향력이 작고 그저 거리의 기인에 불과한 소크라테스와 같은 인물을 처단하는 것은 그리 어려운 일이 아니었다. 그래서 이들은 그를 고발해 처형시킴으로써 과두정을 지지하는 자들에게 경종을 울리는 한편 섣부른 행동을 미연에 방지하고자 했다. 이것이 바로 소크라테스 재판이 지닌 진정한 진실이었다.

2 젊은이들을 타락시켰다는 주장에 대해 변론하다

멜레토스는 제가 젊은이들을 타락시키는 죄를 범했다고 주장하고 있습니다. 하지만 아테네인 여러분, 저는 죄를 지은 사람은 오히려 멜레토스라고 주장합니다. 이는 그가 경솔하게 사람들을 소송에 끌어들여 전에는 자신이 결코 관심조차 가진 적이 없는 일에 대해 관심을 갖는 척하며 진지한 농담을 하고 있기 때문입니다. 제가 이것을 여러분 앞에서 증명해 보이겠습니다.

멜레토스, 말해 보시오. 당신은 젊은이들을 훌륭하게 하는 일을 매우 중요한 일이라 여기고 있지 않소?

"저는 그렇습니다."

자, 그러면 이제 이분들께 말하시오. 누가 그들을 더 훌륭하게 만드나요? 이것은 당신이 관심을 갖는 일이기 때문에 분명히 잘 알고 있을 겁니다. 내가 젊은이들을 타락시킨다고 당신은 나를 이 법정까지 끌고 와 고발을 했으니 말입니다. 그러면 그들을 훌륭하게 만드는 사람이 누구인지 말해 주시오. 배심원들께 그가 누구인지를 말해 보시오. 멜레토스! 당신은 스스로 침묵하고 있으며 아무 말도 할 수 없다는 것을 알고 있나요? 그것은 부끄러운 일이지요. 그것은 바로 내가 말하는 것, 즉 당신이 전혀 그런 것에 관심이 없었다는 것에 대한 근거로 충분하다고 생각하지 않나요? 하지만 말해 보시오. 이보시오. 누가 젊은이들을 훌륭하게 만드는 거지요?

"그것은 법률입니다."

그렇지만 이보시오. 내가 묻는 것은 그것이 아니오. 법률을 아는 사람이 누구냐는 것이오.

"이분들, 바로 배심원들이십니다."

멜레토스, 무슨 말을 하고 있는 거요? 여기 이분들께서 젊은이들을 교육하고 또 훌륭하게 만들 수 있다는 것이오?

"그렇고말고요."

이분들 모두를 말하는 것인가요? 아니면 이분들 중에서 일부를 말하는 건가요?

"모두가 그러실 수 있습니다."

어찌 되었건 매우 반가운 말이군요. 젊은이들을 도울 사람들이 이렇게 많다니 말이죠. 그러면 여기 계신 방청객들께서도 그들을 더 훌륭하게 만드는 분들이신가요, 아니면 그러지 못하는 분들이신가요?

"이분들께서도 그러합니다."

그러면 협의회 의원분들은 어떻습니까?

"협의회 의원분들도 그러합니다."

그렇다면 멜레토스! 민회에 참석하시는 분들, 즉 민회 의원들께서는 젊은이들을 타락시키지 않으시는지요? 혹 그분들도 역시 젊은이들을 훌륭하게 만드는 분들이신가요?

"그분들께서도 그러합니다."

그리고 보니 나를 제외한 모든 아테네인이 젊은이들을 훌륭하게 만들고 있군요. 그런데 나 혼자만 그들을 타락시키고 있다는 말씀처럼 들립니다. 지금 그렇게 주장하는 겁니까?

"전적으로 그런 말입니다."

어찌 되었건, 당신이 보는 바로는 내가 무척이나 운이 없는 사람이군요. 자, 그러면 내게 대답해 주시오. 당신은 말[馬]의 경우에도 그렇다고 생각합니까? 말을 더 훌륭하게 만드는 자는 모든 사람이지만 이것을 망쳐 놓는 자는 어떤 한 사람인가요? 오히려 이와는 정반대로 이것들을 더 훌륭한 것으로 만들 수 있는 자는 어떤 한 사람이지 않나요? 아니면 아주 적은 수의 사람들이 그렇지 않나요? 저는 말 조련사들을 말하는 겁니다. 많은 사람들은 정작 말과 함께 지내거나 말을 이용할 경우 오히려 그것을 망쳐 놓지 않나요? 멜레토스, 말의 경우에도 다른 동물들의 경우에도 마찬가지 아닐까요? 제 생각에 전적으로 그렇다고 생각합니다. 당신과 아니토스가 부인하거나 시인하거나 간에 말입니다. 만약에 오직 한 사람만이 젊은이들을 타락시키고 나머지 다른 사람들은 모두 그들을 유익하게 만든다면 그것은 젊은이들에게 있어서 매우 좋은 일일 테지요. 하지만 멜레토스, 당신의 그런 답변은 사실 당신이 젊은이들에게 결코 마음 쓴 일이 없다는 것을 보여 줄 뿐만 아니라 당신 자신의 무관심을, 즉 당신이 나를 법정으로 끌고 온 일들과 관련된 것들이 정작 당신에게 전혀 관심사가 아니었다는 것을 명확히 보여 주고 있습니다.

멜레토스, 더 나아가 우리에게 대답해 주시오. 선량한 시민들 속에서 사는 것과 못된 시민들 속에서 사는 것 중에 어느 것이 더 좋을까요? 이보시오. 대답해 보시오. 어려운 것을 내가 묻는 것이 아니잖아요? 못된 사람들은 자신들과 가장 가까이 있는 사람들에게 해로운 짓을 하지만 선량한 사람들은 좋은 일을 하지 않습니까?

"물론 그렇지요."

그렇다면 누구든지 자기와 함께 있는 사람으로부터 혜택을 입기보다 오히려 피해를 당하고 싶은 사람이 있습니까? 이보시오. 대답해 보시오. 법률 또한 대답하도록 요구하고 있습니다. 누구든 해를 입기를 바라는 사람이 있을까요?

"아니요. 확실히 없습니다."

자, 그러면 당신이 나를 법정으로 끌고 온 이유는 내가 젊은이들을 타락시켰고, 그들을 고의로 못되게 만들었기 때문입니까, 아니면 본의 아니게 그렇게 만들었기 때문입니까?

"고의적으로 그렇게 했기 때문입니다."

멜레토스, 그렇다면 뭡니까? 당신은 그 나이에, 이 나이의 나보다도 훨씬 더 현명해서 나쁜 사람들은 자신들과 가장 가까이 있는 사람들에게 나쁜 짓을 하지만 좋은 사람들은 좋은 일을 한다는 것을 깨닫고 있다는 거지요. 그런데 바로 나라는 사람은, 나와 함께 있는 사람들 중의 누군가를 내가 못된 사람으로 만들 경우 내가 이 사람들로부터 해코지를 당할 위험에 처하게 된다는 것조차 모를 정도로 무지하다는 것인가요? 당신이 말하는 것처럼 내가 나쁜 짓을 고의로 저지르고 있다는 것입니까? 이에 대해 멜레토스, 나도 당신의 말을 납득할 수 없지만, 그 누구도 납득할 수 없을 것입니다. 내가 그들을 타락시키지 않았건 타락시켰건 간에 그것은 고의가 아닙니다. 어찌 되었건 당신은 양쪽의 경우 다 거짓말을 하고 있는 것이지요.

내가 본의 아니게 그들을 타락시키고 있다면, 나를 법정으로 끌고 와 재판을 받게 할 것이 아니라 개인적으로 나를 붙잡아 가르치고 훈계해야 할 일입니다. 그것을 내가 알아듣게 될 경우에 내가 본의 아니게 하는 것이라면 그만두게 될 것이 분명하니까요. 하지만 당신은 나를 만나서 가르쳐 주지도 않았고 그것을 원치도 않았으며 오히려 나를 끌고 이 법정으로 왔습니다. 법정은 처벌이 필요한 사람을 끌고 오는 곳입니다. 깨달음이 필요한 사람을 끌고 오는 곳은 결코 아니지요.

소크라테스는 젊은이들을 타락시켰다는 주장에 대해 변론하려고 재판에 참석한 고발인 멜레토스에게 질문을 던진다. 먼저 멜레토스에게 젊은이들을 훌륭하게 만드는 일이 중요하지 않느냐고 하면서 어떤 존재가 그들을 훌륭하게 만드는지를 묻는다. 멜레토스는 법률이라고 대답한다. 특정한 사람을 거론하거나 특정한 주장을 말하면 캐묻는 질문의 달인인 소크라테스로부터 재차 심도 있는 질문이 들어와 곤경에 처할 수 있다고 생각해서 그렇게 답한 것이다.

민주주의 국가인 아테네에서 법률이란 그렇게 다수 사람들의 뜻을 모아 제정된 것이니 그것을 부정한다는 것은 국가 체제를 거부하는 것이다. 그러니 법률이라는 답에 이의를 달지 못할 것이라고 멜레토스는 생각했을 터이다. 그러나 이런 회피성 대답을 그대로 넘어갈 소크라테스가 아니었으니 거듭 재촉하듯이 어떤 사람이냐고 묻는다. 그러자 멜레토스는 법정에 있는 배심원들과 방청객들, 협의회 의원들, 민회 의원들 모두라고 답한다. 그러한 멜레토스의 답변에 배심원들도 처음에는 기분 좋게 받아들였을 것이다. 소크라테스가 배심원들에 대해 심드렁한 태도를 취한 것과 대조적으로 멜레토스는 배심원들이 젊은이들을 훌륭하게 만든다고 말하고 있으니 말이다. 그러나 멜레토스는 대답하는 과정에서 소크라테스에게 말려들어 아테네 시민 가운데 오로지 소크라테스만이 젊은이들을 타락시킨다고 대답하고 만다. 이런 대답을 듣고 멜레토스가 옳다고 생각하는 사람들이 있을까? 아차, 하고 후회했겠지만 멜레토스는 자신의 답변을 부인해도 거짓말을 한 것이 되고 오직 소크라테스만이 타락시킨다고 해도 사실상 거짓말을 한 꼴이 되었다.

이렇게 자신이 의도한 대로 멜레토스가 말려들자 소크라테스는 이번에는 말 조련사 비유를 꺼내 든다. 말을 이용하고 말과 함께 생활하는 사람들은 많이 있지만 그들 대부분은 말을 훌륭하게 키우기보다는 도리어 해를 입히기 일쑤다. 그렇기에 정작 말을 훌륭하게 만들 수 있는 사람은 소수의 말 조련사들뿐이라고. 이 말은 멜레토스가 주장한 대로 많은 사람들이 젊은이들을 훌륭하게 만드는 것이 아니라 소크라테스 자신처럼 소수의 사람들만이 젊은이들을 더 훌륭하게 만들 수 있다는 암시이기도 했다. 물론 소크라테스의 이런 주장이 배심원들에게도 긍정적으로 받아들였을지는 알 수 없는 문제다.

이어서 소크라테스는 젊은이들을 나쁘게 만들었다면 그들로부터 자신도 해코지를 입을 것이 분명한데 자신이 왜 그렇게 어리석은 짓을 했겠느냐고 반문한다. 자신이 젊은이들을 타락시킬 만큼 어리석은 사람도 아니며 더욱이 고의로 그들을 타락시킬 이유는 전혀 없다고 말한다. 이 말은 자신이 설사 젊은이들을 타락시켰다 할지라도 고의적으로 그렇게 하지는 않았기 때문에 법적인 소송까지 걸 문제가 전혀 아니라는 지적이다. 소크라테스가 자신도 모르게 잘못하고 있다면 그에게 와서 지적하고 훈계하면 될 것을 이렇게 법정에까지 끌고 와서 법적인 처벌을 요구하는 멜레토스야말로 비상식적이라는 주장이다.

물론 그에게 젊은이들을 타락시켰다는 오해를 받을 만한 소지는 있었다. 아테네 민주정에 반대하거나 배신한 인물들인 알키비아데스, 크리티아스 등과 각별한 친분이 있었고 그의 주변에는 귀족정을 지지하는 사람들이 많았기 때문이다. 당시 많은 아테네인들은 아테네의 전통이나 정치 제도에 비판적이던 소크라테스가 젊은이들에게 당연히 나쁜 영향을 미쳤을 것이라고 생각했다. 그런 점에서 보면 소크라테스 자신도 그런 오해를 불러일으키는 언행을 일삼아서 화를 자초한 측면이 전혀 없다고는 할 수 없다.

3 국가가 믿는 신을 믿지 않는다는 것에 대해 반박하다

아테네인 여러분, 멜레토스에게는 이런 것들이 크든 작든 간에 결코 관심거리가 된 적이 없었다는 것이 이미 명백해졌습니다. 멜레토스, 그대는 내가 젊은이들을 어떻게 타락시켰다는 것이오? 당신이 고발한 고소장대로 내가 국가가 믿는 신들을 믿지 못하게 하고, 다른 새로운 영적인 것을 믿게 가르치면서 젊은이들을 타락시켰다는 말이오?

"물론입니다. 지금 그렇게 말하고 있는 겁니다."

그렇다면 멜레토스, 지금 우리가 말하고 있는 신들의 이름을 걸고, 나와 여기 계신 이분들께 더 명확하게 말해 주시오. 나는 당신이 다음 중 어느 것을 말하는지 도통 알 수가 없습니다. 어떤 신들이 있다고 믿도록 가르친다면 나 자신도 신들의 존재를 믿는 것이기 때문에 나는 무신론자가 아닌 겁니다. 이 점에 있어 나는 죄를 짓지 않은 것이지요. 그러나 사실은 국가가 믿는 신들이 아닌 다른 신들을 믿는다는 이유로 고발한 것이요, 아니면 내가 전혀 신들을 믿지도 않고 남들에게도 신들이 존재하지 않는다고 가르치기 때문에 고발한 것이오?

"선생께서 전혀 신들을 믿지 않는다는 것을 말하고 있는 겁니다."

보시오, 멜레토스! 무엇 때문에 당신은 그런 말을 하는 것이오? 그러니까 다른 사람들이 믿는 해와 달도 신이라고 내가 믿지 않는다는 것이오?

"재판관 여러분! 소크라테스는 전적으로 신을 믿지 않습니다. 그는 해를 돌이라고 말하고 달을 흙이라고 말하기 때문입니다."

보시오, 멜레토스! 당신은 자신이 아낙사고라스를 고발한 것으로 생각하시오? 당신은 여기 이분들을 무시하는 것이오? 이 사람들이 클라조메나이 사람인 아낙사고라스의 책에 그런 주장들이 꽉 차 있다는 것을 모를 정도로 문맹자들이라고 생각한단 말이오? 더군다나 그가 주장한 내용이 담긴 책은 젊은이들이 기껏해야 1드라크마를 주고 오르케스트라 광장에서 살 수 있소. 그것을 젊은이들이 나로부터 배웠다는 거요? 그런 혐오스러운 이론을 내 것인 양 말할 경우, 젊은이들이 오히려 나를 비웃겠지요. 내 주장도 아닌 것을 마치 내 것인 양 떠든다고요? 당신은 정말 그렇게 생각하나요? 내가 그 어떤 신도 없다고 주장했다는 겁니까?

"맹세코 당신은 신들을 믿지 않습니다."

멜레토스, 저는 오히려 당신을 믿을 수가 없군요. 뿐만 아니라 내가 보기에, 당신 스스로도 그런 것 같습니다. 아테네인 여러분, 저는 사실 이 사람이 매우 방자하고 무절제한 사람이어서 그런 방자함과 무절제, 그리고 젊은 혈기로 인해 저를 고발하게 된 것이라 생각합니다.

그는 마치 수수께끼를 만들어 사람들을 시험하고 있는 것 같습니다. "현자라는 소크라테스는 내가 농담을 하며 자가당착적인 말을 하는 것을 결국 눈치챌 수 있을까? 아니면 내가 소크라테스와 다른 청중들을 감쪽같이 속일 수 있을까?"라고 말입니다. 그것은 이 사람이 고발장에서 자가당착적인 모순된 말을 하는 것처럼 보이기 때문입니다. 그는 마치 이런 말을 하고자 하는 듯 보입니다. "소크라테스는 신들을 믿지 않지만 신들을 믿었기 때문에 죄를 지었다."라고 말입니다.

그러면 여러분, 어떤 이유로 저에게는 그가 이런 말을 하는 것처럼 보이는지 함께 생각해 보시죠. 멜레토스, 우리에게 답변해 주시오. 반면에 여러분께서는 제가 처음에 여러분께 간청했던 일, 즉 제가 법정에 익숙하지 않은 채 제 습관적인 방식대로 변론을 하더라도 소동을 일으키지는 말아 달라고 요청했던 것을 기억해 주십시오.

멜레토스여, 도대체 인간사(人間事)는 있다고 믿으면서 인간이 있다고 믿지 않는 사람이 있겠습니까? 아테네인 여러분, 멜레토스가 대답하게 하십시오. 그리고 자꾸 소동을 일으키는 일이 없도록 하여 주십시오. 말[馬]들의 존재를 믿지 않으면서 마사(馬事, 말과 관련된 일)의 존재를 믿는 사람이 있겠습니까? 혹 아울로스와 같은 목관 악기의 연주자들이 있다는 걸 믿지 않으면서 아울로스가 있다는 것을 믿는 사람이 있겠습니까? 보십시오! 그런 사람은 없습니다. 만약 당신이 대답하기를 원치 않는다면 당신과 여기 계신 이분들께 내가 말하겠습니다 하지만 적어도 다음에 대해서는 답변해 주시오. 영(靈)적인 것의 존재는 믿으면서 영의 존재를 믿지 않는 사람이 있겠습니까?

"없습니다."

여기 이분들이 계셔서 당신이 마지못해 어렵게나마 대답을 해 주니 매우 기쁩니다. 그러니까 당신은 내가 영적인 것을 믿고 가르친다고 말하는 것이오? 그것이 새로운 것이든 옛것이든 간에 말입니다. 당신의 주장에 따르면, 선서 진술서에 맹세한 것처럼 나는 영적인 것을 믿습니다. 그런데 내가 영적인 것을 믿는다면 내가 영 또한 믿는다는 것은 당연한 것이 아닐까요? 그렇지 않습니까? 당신이 대답하지 않으니 나는 당신이 사실상 동의한 것으로 여기겠습니다. 하지만 우리는 영을 신 또는 신의 자식으로 여기지 않습니까? 그렇지 않습니까?

"물론 그렇습니다."

그러니까 당신이 말하는 것처럼 내가 정말 영을 믿는다면 그리고 영이 일종의 신이라면, 이것이 곧 당신이 수수께끼를 말하면서 농담한다고 내가 말하는 것의 증거입니다. 즉 당신은 내가 신을 믿지 않는다고 말했다가 내가 영은 믿는다고 하니, 이번에는 내가 신을 믿는다고 다시 말하고 있네요. 반면에 영이 요정(님프)들에게서 태어났건 전하는 대로 다른 누구로부터 태어났건 간에 이것이 신의 서출이라면 도대체 누가 신의 자식이 있다는 것을 믿으면서 신의 존재를 믿지 않을 수 있겠습니까? 그것은 마치 어떤 사람이 말이나 당나귀의 새끼인 노새의 존재를 믿으면서 말과 당나귀의 존재를 부정하는 경우처럼 이상한 일일 테 니까요.

그런데 멜레토스! 당신이 이런 것으로 우리를 시험하는 경우이거나 또 나의 죄명을 찾기 위해 어찌 할 바를 몰라 쩔쩔매는 경우가 아니라면, 당신은 이런 고발을 할 수 없었을 겁니다. 당신은 영적인 것과 신적인 것을 믿는 사람이 영과 신을 믿지 않는다는 주장을 조금이라도 이성을 지닌 사람들을 상대로 납득시킬 방법이 있습니까?

이제 소크라테스는 자신이 국가가 믿는 신들을 믿지 않는다는 고 발에 대해 변론을 시작한다. 고대 그리스 아테네의 상황을 고려한다 면 소크라테스가 만약 전혀 신을 믿지 않았다면 고발의 대상이 될 수 있다. 하지만 다른 신을 믿는다는 이유로 법정에 서는 것은 당시의 상황을 고려해 볼 때, 말이 되지 않는 소리였다. 그리스 사회는 이루 헤아릴 수조차 없이 많은 신들이 존재했던 다신교 사회였고, 신앙의 자유라는 측면에서도 오히려 지금보다 더 열려 있었다.

예를 들자면 다신을 신봉했으므로 하늘에 떠 있는 해와 달조차 신 이라 믿었다. 그런데 기원전 5세기 초, 이오니아의 클라조메나이 출 신으로 아테네에서 철학을 전파했고 페리클레스의 스승으로 잘 알려 져 있던 아낙사고라스가 있었다. 그는 해와 달은 단지 돌덩이일 뿐 이라고 주장한 대표적인 자연 철학자였다. 그런데 아리스토파네스는

《구름》에서 소크라테스를 제우스 신의 존재를 부정하면서 우주의 근본 원리를 원자라고 주장하는 등 자연 철학자인 것처럼 설정했다. 그리고 실제 소크라테스가 미미하게나마 한때 자연 철학에 대해 관심을 가진 것도 사실이었다. 소크라테스는 아낙사고라스의 제자였던 아르켈라오스의 제자가 되어 기원전 440년 함께 여행하면서 그의 철학을 배운 적이 있었기 때문이다. 그러다 보니 그를 자연 철학자로 여겨 국가가 믿는 신을 믿지 않는 불경한 사람이라는 주장이 끊임없이 제기되었던 것이다.

하지만 그는 결코 자연 철학자가 아니었다. 그는 자연 철학에 곧 환멸을 느끼고 인간과 사회로 철학의 주제를 전환했기 때문이다. 특히 플라톤의 《파이돈》을 보면 소크라테스는 스스로 자연에 대한 연구를 할 수 있는 능력이 없다고 시인하는 장면이 나올 정도다. 그는 우주의 기원과 자연 현상을 파헤치는 일보다 윤리적으로 선량한 삶을 살아야 하는 것이 더 중요하다고 보았다.

유명한 역사가인 키케로가, 철학을 하늘에서 사람들이 사는 도시와 가정으로 끌어내리고 삶과 도덕과 선악에 대해 질문을 던진 최초의 인물이 소크라테스라고 말했듯이, 그는 결코 자연 철학자가 아니었다. 그래서 그는 아낙사고라스의 이러한 자연 철학적 관점이 담긴 책은 아테네 광장에서 단돈 1드라크마만 주면 살 수 있고 그 책에 그러한 내용이 가득한데 왜 자신을 그런 주장을 펼친 사람인 양 법정에

세우고 재판을 받게 하느냐고 항변한다. 1드라크마는 당시 노동자가 받을 수 있는 하루 품삯이다.

멜레토스는 고발장에서 소크라테스가 국가가 믿는 신들을 젊은이들이 믿지 못하게 하고 다른 새로운 영적인 것을 믿게 한다고 주장했다. 그런데 재판 과정에서 소크라테스의 반대 질문에 끌려가다가 자신의 말을 바꿔 영이 존재하고 있다는 것을 소크라테스가 믿는다고 답변한다. 영은 신의 자식으로 알려져 있으므로 당시로서는 영을 믿는다는 것은 신을 믿는다는 말이 된다. 따라서 멜레토스는 소크라테스의 질문에 처음에는 소크라테스가 신을 믿지 않는다고 말했다가 나중에는 신을 믿는다고 말하게 되는 어리석음을 범한다. 소크라테스의 유도 심문에 제대로 걸려든 것이다.

당시 소크라테스에게 벌을 내릴 수 있는 법령은 '신과 관련된 일을 믿지 않거나 하늘에 관한 이론을 가르치는 사람을 처벌할 수 있는 법령'뿐이었다. 이 법령을 제정한 이유에 대해서는 설이 분분하지만 일반적으로 페리클레스를 정치적으로 제거하기 위한 방편이었다고 알려져 있다. 아테네 민주 정치의 대표 지도자였던 페리클레스의 스승은 아낙사고라스였다. 그는 해와 달을 신이라고 하지 않고 해를 돌이라고 하고 달을 흙이라고 가르친 자연 철학자였다. 따라서 아낙사고라스가 신을 믿지 않는 불경죄를 저질렀기 때문에 그의 제자였던 페리클레스도 그의 영향을 받아 불경한 존재라는 낙인을 찍기 위해서

이 법이 제정되었던 것이다. 그런데 소크라테스 역시 젊은 시절 아낙사고라스의 제자로부터 가르침을 받았다. 따라서 다른 자연 철학자들과 엮어서 소크라테스 또한 불경한 존재로 만들어 제거하려는 의도가 있었다.

그런데 문제는 당시의 여론이었다. 소크라테스를 비판하는 사람들은 그가 제우스와 올림포스의 신들이 사는 천상의 영역이나 하데스나 페르세포네와 같은 신들이 머무는 지하의 세계를 파헤치려 드는 자연 철학자들과 같은 부류라고 보았다. 당시 그것이 자연적인 사실이든 아니든 간에 어떤 사실에 대해 헤집고 파헤치는 사람은 신들의 존재를 믿지 않는 무신론자라고 생각했기 때문이다.

여기에서 중요한 것은 소크라테스가 '다른 영적인 것'을 믿었다는 구절이다. 이것은 바로 다이몬을 말하는 것인데, 다이몬이란 소크라테스가 옳지 않은 일을 할 때면 '하지 말라'면서 내면에서 경고하는 음성을 들려주는 영적인 존재를 말한다. 그것은 어린 시절부터 그에게 나타났고 그는 평생 다이몬의 명령에 따라 살았다고 한다. 소크라테스로부터 다이몬에 대한 이야기를 들은 아테네 시민들은 당연히 그를 기이한 사람으로 여겼을 것이다. 그리고 다이몬을 믿기 때문에 그는 국가가 믿는 신을 믿지 않았다는 오해를 받았다. 그래서 국가가 믿는 신들을 믿지 않고 다른 이상한 영적인 것을 믿는다는 주장이 지속적으로 제기되었던 것이다.

아테네에서 사제의 중간 개입도 없이 개인이 신과 직접 소통하고 계시를 받고 있다는 소크라테스의 주장은 매우 위험천만한 것이었다. 하지만 소크라테스는 법정에서도 다이몬의 금지 목소리를 들으며 양심에 따라 평생 살았다고 당당히 말한다. 하지만 당시 아테네에서 이 주장은 받아들이기 어려웠다. 더구나 국가가 믿는 신들의 목소리가 아니라 다른 영적인 존재의 목소리를 믿는 것은 불경죄에 해당되었고 이는 커다란 죄악이었다. 불경에는 신을 믿지 않는 것뿐만 아니라 대중적인 도덕에 어긋나는 가르침과 연설 및 교육도 포함되었다. 그런데 소크라테스의 언사는 기본적으로 아테네의 전통적인 공동체적 사고방식과 달리 지극히 개인주의적이고 심지어 반사회적이었다. 소크라테스는 항상 인생의 여러 문제, 특히 도덕적이고 윤리적인 문제에 관해서는 스스로 생각하고 해결해야 한다고 가르쳤다. 이런 그의 가르침은 개인의 도시 국가와의 공동체적 관계를 부차적인 것으로 여기게 만들었다. 도시 국가를 일종의 교회나 신성한 기관으로 여기는 당시 아테네 사람들에게 소크라테스의 이런 주장과 행동은 불경한 것이었다.

사실 그리스의 희극 작가들은 연극에서 신들을 조롱했고 사람들도 그에 대해서는 어느 정도 관용을 베풀었다. 하지만 그런 관용이 철학자들에게까지 해당되지는 않았다. 철학자들이 신을 조롱하는 행위는 불경죄에 해당되었고 그들은 법적인 제재를 받거나 해외로 추방되곤 했다. 자연 철학자인 아낙사고라스는 해와 달을 신이 아니라 원래 지구의 일부였던 돌덩어리라고 주장했다는 이유로 벌금형에 처해져 추방당했다. 그는 아테네에서 도망쳤으며 나중에 결국 사형을 선고받았다. 무신론자인 디아고라스는 밀교의 성격을 띤 엘레우시스의 신비 의식을 조롱한 대가로 사형을 선고받은 뒤 역시 아테네에서 도망쳤다. 신들의 존재 여부에 대해 의문을 품은 불가지론자인 프로타고라스의 경우 그의 책이 공개적으로 불살라졌고 불경죄로 고발당해 도망치다가 결국 물에 빠져 죽었다. 소크라테스 역시 이들과 다르지 않았다. 소크라테스의 언행은 시민들의 기준으로 볼 때 불경스러운 것이었고 도시 국가 전체에 대한 잠재적 위험으로 간주될 소지가 높았다.

이런 분위기를 간파하고 있던 원고들은 고발장을 일부러 애매하게 작성하여 불경죄와 반역죄의 차이를 모호하게 만들었다. 그래서 정치나 윤리에 관한 기존의 관념에 의문을 제기하는 행위를 국가의 신앙 체계를 어그러뜨리는 일로 바꿔 신에 대한 불경죄인 양 고발한 것이다.

4 오해와 질시로 인해 생긴 자신에 대한 선입견을 변론하다

아테네인 여러분, 멜레토스의 고발과 관련하여 저의 무죄를 주장하는데 필요한 변론은 이것으로 충분하다고 생각합니다. 그러나 앞에서도 말씀드렸던 것처럼 많은 사람들이 저에 대해 심한 적개심을 갖고 있다는 것을 여러분께서는 잘 알고 계십니다. 만약 제게 유죄 판결이 내려진다면 그 이유는 바로 그것 때문일 겁니다. 멜레토스나 아니토스 때문이 아닙니다. 그것은 많은 사람이 저에 대해 가지고 있는 비방과 시기 때문입니다. 바로 그것들 때문에 다른 많은 훌륭한 사람들도 유죄 판결을 받게 되었지만 앞으로도 여전히 그 때문에 유죄 판결이 내려질 것이라 생각합니다. 이번의 제 경우에서 그칠 것이라 우려할 필요도 없을 정도입니다.

어쩌면 누군가 이렇게 물을 수 있겠지요. "소크라테스, 당신은 그렇게 처신하다가 이제 죽을 위험에 처하게 된 걸 수치스럽게 생각하지 않습니까?"라고 말입니다. 그러나 저는 이 사람에게 이렇게 답변하는 것이 마땅하다고 생각합니다. "올바른 것을 행하는지의 여부나 훌륭한 사람의 행위를 하는지의 여부보다 죽느냐 사느냐의 여부에 대해 더 마음을 쓴다면 그것은 당신이 잘못 말한 것입니다. 왜냐하면 그렇게 생각한다면, 트로이에서 전사한 그 많은 반신반인들이 보잘것없는 이들이 되는 셈이기 때문이지요. 다른 이들도 그렇겠지만 특히 테티스의 아들인 아킬레우스가 더욱 그럴 것입니다. 그 사람은 수치스러운 일을 참고 견디기보다는 오히려 자신에게 다가올 위험을 무시하고서라도 나서려 했습니다. 그가 친구를 죽인 헥토르를 죽이겠다고 열을 올리고 있을 때, 여신인 그의 어머니는 이렇게 말했습니다. "애야, 만약 네가 친구인 파트로클로스의 원수를 갚겠다고 헥토르를 죽인다면 너 자신도 죽게 될 것이다. 헥토르 다음에는 바로 너의 죽음이 예정되어 있기 때문이란다."라고 말입니다. 그러나 이를 듣고 나서도 그는 죽음과 위험을 대수롭게 여기지 않았습니다. 반면 친구를 위해 원수를 갚지 못한 채 비굴하게 살아가는 것을 훨씬 더 두려워해서, 이렇게 말합니다. "못된 짓을 한 자에게 벌을 내리고 저는 바로 그 자리에서 죽겠습니다. 뿔 모양으로 휜 배 옆에서 웃음거리가 되어 세상의 조롱을 받지 않기 위해서요."라고 말입니다. 이 사람이 죽음과 위험에 대해 마음을 쓰고 있다고 생각되지 않지요?

아테네인 여러분, 진실은 이렇습니다. 어떤 장소가 최선의 곳이라 생각하여 머물기로 정했다면, 머물러 있어야 합니다. 또한 그곳에 머물러야 한다는 군사 지휘관의 명령을 받았다면, 위험을 무릅쓰고라도 그곳에 머물러 있어야 합니다. 그 어떤 것도, 설사 그것이 죽음이라 할지라도 수치스러움보다 먼저 고려해서는 안 됩니다.

따라서 아테네인 여러분, 저는 군 지휘관들이 포테이다이아, 암피폴리스, 델리온에서 제가 있어야 할 위치를 정해 주었을 때, 다른 이들과 마찬가지로 그곳에서 죽을 각오로 임했습니다. 그랬던 것처럼 신이 저로 하여금 지혜를 사랑하면서 저 자신과 남들에게 부단히 캐물으면서 살아가야 한다고 명령했는데, 이런 처지가 되었다고 죽음이 두려워 제자리를 지키지 않는다면 저는 진정 무서운 짓을 한 것이 되겠지요. 그것은 정말 무서운 일일 것입니다. 제가 신탁에 불복해 죽음을 두려워하면서, 스스로 현명하지도 않으면서 현명하다고 생각하면서, 신들의 존재를 믿지 않는다면 말이죠. 만약 그런 이유로 누군가가 저를 이 법정으로 끌고 온다면 그것은 참으로 옳은 일이겠지요.

여러분, 진실로 죽음을 두려워하는 것은 자신이 현명하지도 않으면서 현명하다고 여기는 것과 다르지 않습니다. 그것은 자기가 알지 못하는 것을 자신이 안다고 생각하는 것이니까요. 어느 누구도 죽음이 무엇인지 모릅니다. 그러면서도 그것이 가장 나쁜 것이라고 말합니다. 이것이야말로 자신이 알지 못하면서도 안다고 생각하는, 비난받아 마땅한 무지가 아닐까요? 하지만 여러분, 저는 이 점에 있어 많은 사람과 다릅니다. 만일 제가 다른 사람보다 더 지혜롭다고 말할 수 있다면 그것은 나 자신의 무지를 자각하고 있기 때문입니다. 말하자면 저승인 하데스의 것들에 관해 제가 충분히 알지 못하기 때문에 그것을 모른다고 생각하고 있다는 사실 때문에 그럴 것입니다. 저는 올바르지 못한 짓을 하는 것, 그리고 신이든 인간이든 더 훌륭한 존재에게 불복하는 것이 나쁘고 수치스럽다는 것을 알고 있습니다. 따라서 저는 좋은 것인지도 모르는 것을 결코 두려워하지도 않을 것이고 회피하지도 않을 것입니다.

여기서 소크라테스는 다시 한 번 자신이 유죄 판결을 받아 사형을 당해야 한다면 그 이유는 멜레토스, 아니토스, 리콘 등의 고발 때문이 아니라 자신에 대한 많은 사람들의 선입견과 편견, 그리고 질투와 시기, 비방으로 인해서라고 주장한다. 그러면서 사람이 진정 관심을 가져야 할 것은 사느냐 죽느냐의 문제가 아니라 '어떻게 살아야 올바른가'의 문제라고 강조한다. 한마디로 말하자면 사형을 피하려고 비겁하게 행동하지 않고 자신의 행동이 올바른 것이었는지, 혹은 훌륭했는지에 대해서만 생각하겠다는 말이다.

그러면서 트로이 전쟁에서의 아킬레우스 사례를 들고 있다. 바다의 여신 테티스와 펠레우스의 결혼식에 초대받지 못한 불화의 여신 에리스가 남긴 황금 사과를 놓고 헤라와 아프로디테, 아테나가 서로 경쟁한다. 결국 트로이 왕자 파리스가 심판을 맡게 되는데, 세 여인은 파리스에게 자신을 뽑아 주는 대가로 무엇을 하겠다는 여러 가지 제안을 한다. 그중 아프로디테는 자신을 뽑아 주면 그 대가로 파리스에게 세상에서 가장 아름다운 여인을 아내로 맞게 해 주겠다고 약속하여 결국 그녀가 황금 사과를 차지하게 된다. 그런데 파리스가 선택한 여인은 스파르타의 왕 메넬라오스의 아내인 헬레네 왕비였다. 하지만 아프로디테는 그 약속을 지켜 파리스와 헬레네가 서로 사랑에 빠져 트로이로 도망을 가게 만들었다.

나중에 이 사실을 알게 된 헬레네의 남편 메넬라오스 왕은 아내를 되찾기 위해 형 아가멤논과 연대하여 트로이 원정길에 나서면서 그 유명한 트로이 전쟁은 시작된다. 그리스군의 아킬레우스와 오디세우스, 트로이군의 헥토르와 아이네아스 등 숱한 영웅들과 신들이 얽혀 10년 동안이나 계속된 이 전쟁은 오디세우스의 계책으로 그리스군의 승리로 끝났다. 그 과정에서 아킬레우스는 트로이의 마지막 왕 프리아모스의 아들인 헥토르가 아킬레우스의 절친인 파트로클로스를 살해한 사실에 분개한다. 여신인 그의 어머니는 헥토르의 죽음 이후에 아킬레우스의 죽음이 이어지는 것이 피할 수 없는 운명임을 알고 이를 예고한다. 그러면서 아들에게 전쟁에 나가지 말라고 호소한다.

하지만 아킬레우스는 죽음을 두려워하지 않고 끝내 친구의 죽음에 복수하는 삶을 택한다. 아킬레우스는 원수인 헥토르를 죽이고 그의 시체를 전차에 매달아 끌고 다니면서 친구를 잃은 울분을 삭힌다. 그러다가 아킬레우스 진영으로 찾아온 헥토르의 아버지 프리아모스의 간청으로 시신을 겨우 돌려준다. 하지만 그는 자신의 운명대로 장렬히 전사한다.

소크라테스가 아킬레우스의 사례를 든 것은 만약 아킬레우스가 죽음이라는 자신의 운명을 피하기 위해 '절친'의 죽음조차 외면했다면, 그것은 수치스러운 행위라는 사실을 강조하기 위해서였다. 다시 말해 고통과 죽음에 의연히 맞섬으로써 아킬레우스가 영웅이 될 수 있었던 것처럼 자신도 설사 유죄를 선고받고 사형에 처해지더라도 살아남기 위해 거짓말이나 아부를 하지 않겠다는 각오를 드러낸 것이다.

그는 자신이 겪은 전쟁의 사례를 들면서도 죽음을 회피하지 않고 당당히 맞서 용기 있게 행동했다는 점을 밝히고 있다. 그는 포테이다이아, 암피폴리스, 델리온에서 벌어진 전투에 참가하여 죽음을 무릅쓰고 싸웠다고 말하면서 신이 자신에게 지혜를 사랑하면서 부단히 캐물으면서 살아가야 한다고 명령했는데, 죽음이 두려워 자신의 일을 하지 않는다면 오히려 그것이야말로 참으로 무서운 신에 대한 불경죄라는 것이다. 더구나 죽음을 두려워하는 것은 자신이 현명하지도 않으면서 현명하다고 여기는 것과 같다고 주장한다. 그의 주장대로 하자면 사람들은 죽음을 두려워하고 있지만 사실 죽음이 좋은 것인지 나쁜 것인지도 모른 채 그렇게 하는 것이다. 다시 말하면 죽음이 좋은 것일 수도 있는데, 사람들은 비겁한 행동을 하거나 거짓말을 해서라도 그것을 회피하려 든다는 것이다.

사실 이 주장은 바로 소피스트나 그들에게 배운 유력자들, 또는 시류에 편승하는 배심원에 대한 은유적인 공격이었다. 소피스트들은 말 그대로 지혜로운 자라고 알려져 있지만 실상은 논쟁이나 재판에서 이기는 방법에만 연연하고 그것이 올바른지 그른지는 따지지 않았다. 그러므로 소크라테스 자신은 이들처럼 비겁하게 살려고 거짓말이나 일삼는 행동을 하지 않을 것이며 자신이 올바르다면 죽음도 불사하겠다고 각오를 드러낸다.

　하지만 소크라테스의 이런 각오도 배심원들을 설득하지는 못한다. 죽음도 두렵지 않다는 그의 말에 대해 배심원들은 오히려 반감을 느꼈을 것이다. 그들이 바라는 것은 소크라테스 역시 보통의 사람들처럼 자신의 소신을 굽히고 배심원들에게 자신의 억울함을 호소하는 것이었지 지금의 소크라테스처럼 자신이 옳다고 당당하게 맞서는 태도가 아니었다. 결국 소크라테스의 당당한 변론은 배심원들의 설득에 실패하고 만 셈이다.

5 자신의 소명이 철학하는 일이라 밝히다

여러분께서 아니토스에게 동조하지 않고 저를 무죄로 방면하신다 하더라도 저는 여전히 죽음을 두려워하거나 회피하지 않을 것입니다. 아니토스는 말했지요. 애당초 저를 법정으로 데리고 오지 말았어야 했으나, 일단 저를 끌고 온 이상 제가 사형에 처해지지 않을 수는 없다고요. 그가 여러분을 상대로 주장하기를, 만약 제가 무죄로 방면된다면 여러분의 자제들은 저의 가르침으로 인해 결국 모두 완전히 타락해 버릴 것이라고 했습니다.

만약 여러분께서 "소크라테스여, 이제 우리가 아니토스의 말을 듣지 않고 당신을 무죄로 방면합니다. 그렇지만 조건이 있습니다. 그것은 더 이상 당신이 지혜를 탐구하지 않는다는 조건입니다. 만약에 당신이 여전히 그렇게 행동하다가 붙잡히게 되면 당신은 이제 죽게 될 것입니다."라고 말씀하신다면요. 정말 이런 조건을 달아 저를 방면하려 한다면 저는 여러분께 이렇게 말할 겁니다. "아테네인 여러분, 저는 여러분을 사랑합니다. 하지만 저는 여러분보다 신의 말씀에 더 복종할 것입니다. 그리고 제가 살아 있는 동안, 할 수 있는 만큼 지혜를 사랑하는(철학하는) 것도, 여러분께 충고를 하는 것도, 그리고 여러분 가운데 누구를 만나게 되건 캐묻고 지적하는 일을 멈추지 않을 것입니다. 늘 제가 해 오던 그런 방식으로 말입니다."라고요. 그리고 또한 이렇게 물을 겁니다. "이보시오, 그대는 가장 위대하고 지혜로우며 아름다운 나라인 아테네 시민으로서 재물을 최대한 축적하고 명성과 명예에 대해서는 관심을 가지면서도, 지혜롭게 진리를 구하고 자신의 혼이 최대로 훌륭해지는 데에는 관심을 두지 않는 것이 부끄럽지 않습니까?"라고 말이죠.

그리고 혹 여러분 중의 누군가가 자신도 그런 것에 관심을 갖고 있다고 반박한다면 저는 그 사람에게 캐물으며 질문할 것입니다. 그래서 만약 그의 사람됨이 훌륭하지 않으면서도 스스로 훌륭하다고 착각하는 것처럼 생각되면, 저는 그가 가장 값진 것을 경시하면서 하찮은 것을 더 중시한다고 나무랄 것입니다. 그리고 저는 제가 만나는 모두에게, 노소를 가리지 않고 자국민이건 타국민이건 구분하지 않고 그들을 위해 그렇게 행동할 것입니다. 특히 우리 아테네 시민들은 혈통상으로 저와 더 가깝기 때문에 그들에게는 더욱 그렇게 할 것입니다.

이것은 신이 제게 내린 소명이라는 것을 잘 알아 두십시오. 그리고 신에 대한 이러한 저의 봉사보다 더 좋은 것이 이 나라에 일찍이 없었다고 생각합니다. 제가 이곳저곳을 다니면서 한 일은 젊건 나이가 들었건 상관없이 여러분이 몸을 꾸미고 재물을 탐하는 데 마음을 쓰지 않도록 하고, 오히려 영혼이 훌륭해지도록 하는 것에 마음을 쓰라고 열렬히 설득하는 일이었습니다. "재물로 인해 사람이 훌륭해지는 것이 아니라 사람이 훌륭해서 재물과 다른 모든 것들도 사적으로나 공적으로나 사람들을 위해 좋은 것이 되는 것입니다."라고 말하면서요. 그러므로 만약 제가 이렇게 말함으로써 젊은이들을 타락시켰다면 그것은 정말 해로운 일이라 할 겁니다. 그러나 만약 어떤 사람이 제가 이것과는 다른 것을 말했다고 주장한다면 그는 허튼소리를 하는 겁니다. 아테네인 여러분, 여러분께서는 이 점에 유념하시어 아니토스의 말을 따를지 말지, 그리고 저를 무죄 방면할지 말지를 결정하십시오. 제가 달리 처신하는 일은 결코 없을 것입니다. 설령 제가 몇 번이고 죽는다 하더라도 그런 일은 결코 없을 것입니다.

여기서부터 소크라테스는 자신에 대한 변론보다는 자신이 하는 일, 즉 철학하고 사람들을 찾아다니며 캐묻는 일에 대한 자부심을 본격적으로 드러낸다. 그는 심지어 이것이 신이 내린 자신의 소명이라고 주장한다. 그러니 설사 아니토스의 요구대로 법정에서 사형 판결이 내려진다고 하더라도 죽음이 두려워 자신의 소명을 포기하는 일은 없을 것이라고 강조한다.

심지어 그는 매우 당당하게 배심원들이 그의 활동을 그만두라는 조건으로 무죄 방면을 한다 하더라도 자신은 그것을 수락하지 않겠다고 밝힌다. 그러면서 아니토스의 말에 따를지 말지 배심원들 각자가 알아서 판단하라고 요구하기도 한다. 설사 몇 번을 죽는다 해도 신이 내린 자신의 소명을 거부하면서 구차하게 목숨을 이어 가지는 않겠다고 다짐하기도 한다.

그런데 소크라테스의 이러한 당당함이 배심원들에게는 어떻게 받아들여졌을까? 신의 소명을 지키려는 진정한 철학자의 모습이거나 죽음을 눈앞에 두고도 이에 굴하지 않고 담대하게 자신의 철학적 소명을 밝히는 소신 있는 인간으로 보였을까? 혹은 아테네 시민들을 염려하고 그들의 정신적 덕을 쌓게 노력하는 도덕군자로 비쳤을까? 아마 모두 아니었을 것이다. 그들에게는 소크라테스가 배심원들을 배심원이라고 부르지 않고 아테네 시민이라고 부르는 오만한 피고인일 뿐이며, 이상한 짓을 일삼고 쓸데없는 말을 하고 다니는 기이한 늙은이였을 뿐이다.

소크라테스의 대화법에 대해 후세의 많은 사람들은 찬사를 보내고 있다. 러시아의 문학 비평가인 미하일 바흐친은 소크라테스가 진정한 대화의 정신을 지니고 있다고 말한다. 바흐친에 따르면, 진리는 개인의 머릿속에서 생겨나는 것도 아니고 그곳에 그냥 존재하는 것이 아니다. 진리는 대화라는 상호 작용을 통해서 집단적으로 진실을 찾아 헤매는 사람들 사이에서 생겨난다. 이에 반해 소피스트들은 소크라테스와 대조적으로 정답을 알고 있다고 주장함으로써 지속적인 대화를 통해 진실을 탐구할 수 있다는 사실을 원천적으로 봉쇄해 버렸다는 것이다.

하지만 소크라테스의 대화법은 스스로는 아무런 정답도 밝히지 않기 때문에 오해받을 소지가 분명 있었다. 아는 것이 없다는 그의 독백도 인간이 결코 결정적이고 분명한 지식을 가질 수 없다는 의미로 이해한다면 분명 틀린 말이 아니다. 모든 진리와 신념은 항상 재탐색의 가능성이 열려 있는 한시적인 것에 불과하기 때문이다. 그래서 한나 아렌트는 소크라테스를 얼어붙은 사고와 싸운 훌륭한 투사로 묘사한다. 열려 있는 사고로 모든 것에 대해 묻고 또 물음으로써 기존의 관념이나 전통에 맞서 진리에 한 걸음 더 다가갔다는 것이다. 그러나 당시 아테네 시민들이 갖고 있던 상식이나 관념에 비추어 본다면 소크라테스의 이런 대화법은 소피스트들의 수사법과 다를 바 없었다. 논쟁에서 이기기 위해 던지는 끊임없는 질문은 일반적인 사람들의 눈에는 궤변론자의 사기 수법처럼 보였을 것이다.

또 하나 지적할 만한 것은 당시 아테네가 그의 말대로 헬라스에서 발언이 가장 자유로운 나라일지는 몰라도 아테네의 법이나 사회적 정서는 개인의 자유와 권리 보장보다는 공동체인 도시 국가 보존을 제일의 목적으로 삼았다. 아리스토텔레스에 따르면, 도시 국가 아테네는 본질적으로 가정과 개인보다 공동체를 중시했다. 그러므로 아테네 민주주의는 오늘날과 같이 개인주의와 자유주의를 바탕으로 하는 민주주의와는 사뭇 달랐다. 시민들의 정치적 참여를 장려했지만 공동체적 윤리나 가치가 지배적인 사회였다. 그런 사회에서 소크라테스는 개인의 도덕적 고양, 인격의 함양과 책임을 강조하면서 아테네의 공동체적 윤리나 민주적인 정치 체제에 대해서 비판적이었다. 그리고 이런 주장 때문에 그에 대한 선입견이나 오해가 생겨나는 것은 당연했을 것이다. 그런 측면에서 보면 소크라테스는 그의 시대보다 너무 앞서 나간 사람이어서 인정받지 못했다고 할 수도 있다.

6 아테네라는 말 등 위에서 등에로서의 삶을 살다

아테네인 여러분, 동요하지 마시고 제가 여러분께 요청드린 대로 따라 주십시오. 조용하게 제가 말씀드리는 것을 잘 들어 주십시오. 여러분 께서 들어 주신다면 아마 여러분에게 이로울 것입니다.

사실 좀 다른 말씀을 이제 드리려 합니다. 아마도 어쩌면 이것을 듣고 여러분께서는 고함을 지르려고 할지도 모릅니다. 하지만 결코 그러지 는 마십시오. 만약 여러분께서 저를 사형에 처하신다면 여러분께서는 저를 해치기보다 여러분 자신들을 더 해치게 된다는 것을 명심하십시 오. 멜레토스도, 아니토스도 전혀 저를 해치지 못할 것입니다. 그것은 불가능한 일이기 때문입니다. 저는 더 나은 사람이 더 못한 사람에 의 해 해를 입는 것은 온당치 않다고 생각합니다. 물론 여러분께서 저를 사형에 처하거나 추방하거나 제 시민권을 박탈하는 것이 어쩌면 가능 할지 모르겠습니다. 아마 사람들은 이렇게 함으로써 저에게 해를 끼 쳤다고 여기겠지요.

하지만 저는 그렇게 생각하지 않습니다. 지금 여러분들이 하고 있는 행동, 즉 어떤 사람을 올바르지 않게 사형에 처하려는 여러분의 행동이 여러분 자신에게 훨씬 더 해악을 끼친다고 생각합니다. 그러므로 아테네인 여러분, 지금 제가 변론을 하는 것은 결코 제 자신을 위해서가 아닙니다. 오히려 여러분을 위해서입니다. 즉 여러분께서 저에게 유죄 판결을 내림으로써 여러분을 위해 신이 내려 준 선물인 저 소크라테스에 대해 잘못을 저지르는 일이 없었으면 해서입니다. 왜냐하면 만일 여러분께서 저를 사형에 처하신다면 여러분께서 저와 같은 사람을 쉽게 다시 찾아내지 못할 것이기 때문입니다.

다소 우스꽝스러운 표현을 빌리자면, 아테네는 덩치가 크고 혈통이 좋기는 하지만 그 큰 덩치 때문에 행동이 느린 말에 비유할 수 있습니다. 이런 말은 굼뜨기 때문에 등에에 의해 자극을 받을 필요가 있습니다. 그리고 저는 신의 명령에 의해 이 나라에 살게 된 등에와 같은 사람입니다. 바로 이와 같은 이유로 신이 저를 아테네에서 살게 했다고 생각합니다. 온종일 어디에서나 여러분 개개인에게 달라붙어 여러분을 일깨우고 설득하며 나무라는 것을 결코 그만두지 않는 그런 사람으로서 말입니다.

그러므로 여러분, 그런 사람이 쉽게 다시 여러분께 나타나지는 않을 것입니다. 여러분께서 제 말에 따라 저를 아껴 두십시오. 그러나 아마도 여러분께서는 마치 졸다가 깨어난 사람들처럼 성가신 마음에서 벌레를 잡듯이 저를 '탁' 칠 수도 있겠지요. 다시 말해 아니토스의 말대로 저를 쉽게 사형에 처할 수 있을 것입니다. 그렇게 되면 여러분께서는 신이 여러분을 염려하여 또 다른 사람을 다시 여러분께 보내 주지 않는 한, 남은 생을 잠을 자면서 보낼 것입니다.

제가 신의 뜻에 의해 이 나라에 보내진 사람이라는 것은 다음 내용을 미루어 아실 수 있을 것입니다. 제가 제 자신의 모든 것에 대해 관심을 두지 않았다는 것, 실제로는 집안일을 여러 해 동안 방치한 채로 두었다는 것, 그러면서도 여러분을 개별적으로 찾아가서 마치 아버지나 형처럼 사람으로서의 훌륭함에 대해 마음을 쓰도록 설득하면서 언제나 여러분의 일에 관심을 가졌다는 것, 이런 것들은 보통의 인간과는 다른 것이 분명하기 때문입니다. 그리고 만일 제가 이 일로 인해 이득을 보고 금전적 보수라도 받았다면 나름 설명이 될 수 있을 겁니다. 그러나 실은 저의 고발인들조차 다른 모든 것은 이처럼 뻔뻔스럽게 거짓 고발을 했지만, 적어도 이것만은, 다시 말해 제가 누구에게서 보수를 받았거나 그것을 요구했다는 것을 증명하기 위해 뻔뻔하게 증인을 세울 수 없었다는 것은 여러분들도 분명히 알고 있습니다. 제가 진실을 말하고 있다는 증거는 제가 너무나 가난하다는 점으로 충분할 것입니다.

앞 절에 이어서 이번에도 소크라테스는 자신에 대한 자부심을 드러낸다. 그는 자신을 죽인다면 그것은 도리어 아테네 시민들에게 손해가 될 것이라고 배심원들에게 말한다. 그러면서 드는 것이 유명한 명마와 등에의 비유다. 그는 아테네를 거대한 명마, 하지만 덩치가 너무 크고 살이 많이 쪄서 느리게 움직이는 말에 비유한다. 그 말은 등에처럼 말의 피를 빨아먹는 곤충의 자극이 필요하다는 것이다. 그리고 자신을 그 말의 등에 붙어 있는 '등에'로 비유한다. 다시 말하자면 자신이야말로 아테네라는 거대한 도시 국가를 일깨우는 등에와 같은 존재라는 것이다.

이 비유 때문에 소크라테스의 등에는 흔히 풍요로운 사회에서 아무 문제의식 없이 살아가는 사람들에게 부단히 경고하고 사회적 문제점을 계속해서 지적하는 비판적 지식인을 상징하게 된다. 하지만 이런 등에 같은 존재란 풍요에 빠져 안주하는 사람들에게는 공연히 사건을 일으키고 별것도 아닌 것을 문제 삼는 귀찮은 존재에 불과할지 모른다. 하지만 그는 그런 등에 같은 자신을 죽이는 것은 오히려 아테네 사람들에게 해악을 주는 행위라고 당당히 말한다. 신이 아테네에 보낸 선물인 자신과 같은 사람을 함부로 대하는 것은 오히려 이 나라에 손해라는 말이다. 그러면서 자신을 죽이게 되면 아테네에서는 자신과 같은 사람을 다시 구하기 쉽지 않다는 말을 덧붙이기도 한다.

소크라테스는 자신이 신이 보낸 선물이라는 증거로 자신의 가난을 들고 있다. 그는 사람들을 찾아가서 사람으로서의 훌륭함에 마음을 쓰도록 설득하느라 바빠서 자신은 지독하게 가난한 살림을 면할 수 없었다고 너스레를 떤다.

하지만 이러한 그의 변론을 들으면서 당시 사람들은 어떤 생각을 했을까? 그가 정말, 아테네를 위해 봉사하고 희생한 대단한 사람이라고 생각했을까? 물론 아니었을 것이다. 이제 곧 유무죄를 결정할 배심원들에게 선처나 자비를 구하지도 않으면서 아직도 정신을 차리지 못하고 잘난 척을 하는 오만한 노인으로만 비쳤을 것이다.

7 평생 다이몬의 명령에 따라 살다

그런데 제가 개인적으로 여기저기 다니면서 조언하고 참견하면서도 공적으로 대중 집회에 나서서 국가적인 일에 대해 조언하지 않은 사실이 아마 이상할 겁니다. 그러나 그 이유에 대해 여러분께서는 여러 차례 제가 말한 것을 들은 적이 있을 겁니다. 멜레토스도 고발장에서 저를 조롱하면서 이것을 적었습니다만 그것은 일종의 신적인 것, 영적인 것으로 어릴 때부터 저에게 들려온 음성이었습니다. 이것은 제가 어떤 일을 하려고 할 때 종종 '하지 말라'고 말리면서 나타납니다. 그것은 결코 무엇을 '하라'고 적극적인 권유를 한 적이 없습니다. 제가 정치를 하려고 했을 때 그 음성은 하지 말라고 반대했는데, 저는 그것에 따른 것이 매우 잘한 일이라 생각합니다.

소크라테스는 다이몬에 대해 본격적으로 거론하기 시작한다. 플라톤의 《향연》을 보면 '다이몬'에 대해 설명하는 부분이 나온다. 《향연》은 에로스를 찬양하는 대화를 싣고 있는데, 그중에서 소크라테스가 디오티마로부터 배운 것을 소개한다. 디오티마가 에로스는 신이 아니라고 하자 소크라테스는 디오티마에게 에로스가 그럼 무엇이냐고 묻는다. 디오티마는 그것이 죽을 수 있는 존재와 불사적인 존재의 중간자이며 위대한 정령이라 말한다. 그리고 그것의 능력은 인간들의 기원과 바람을 신들에게 전해 주고, 인간들에게는 신들의 의지와 뜻을 전달해 주는 중간적인 존재라고 말한다. 즉 정령은 신과 인간의 중간 사이에 있으면서 그 빈틈을 채워 주고 이 우주 전체를 결합시켜 주는 능력을 지닌 존재다. 이들의 존재로 인해 신들과 인간들 사이에 대화와 소통이 가능하게 된다는 것이다. 《향연》에서 말하는 정령이 바로 다이몬이다.

다이몬은 신기하게도 소크라테스의 어린 시절부터 신령스럽고 영적인 목소리로 나타났다고 소크라테스는 말한다. 그런데 그것은 그가 어떤 일을 하려고 시도할 때 종종 그것을 하지 말 것을 요구하는 일종의 금지 명령 형식으로만 나타났다고 설명한다. 그런 금지 명령을 받들어 소크라테스는 정치적인 활동을 하지 않게 되었다고 주장한다.

소크라테스는 평생 이 다이몬의 명령에 따라 살았다고 말한다. 하지만 다른 사람들은 도대체 이해할 수 없는 독특한 이 영적 체험이 도리어 그에게 불리하게 작용했다. 국가가 믿는 신을 믿지 않고 다른 신을 믿었다는 죄명으로 법정에 서게 되고 판결에도 영향을 받았기 때문이다.

8 오래 살기를 원한다면 공적인 일을 하지 말 것을 권하다

아테네인 여러분! 만약 제가 오래전에 정치를 하고자 했다면 아마도 오래전에 죽었을 것입니다. 그렇게 됐다면 여러분에게도 저 자신에게도 전혀 이롭지 못했으리라는 걸 여러분께서는 잘 알고 계십니다. 진실을 말하고 있는 저에게 화를 내지는 마십시오. 여러분이나 대중들을 상대로 올바르지 못한 일이나 법에 어긋나는 일이 이 나라에서 일어나지 않도록 하기 위해 진정 애쓰는 사람이 살아남기 위해서는 공적인 일을 하지 말고 사적인 일에 종사해야 합니다. 이에 대한 강력한 증거를 말씀드리지요. 말로만이 아니라 실제 행적을 통해 말입니다. 저에게 일어났던 일에 대해 들어 보십시오. 저는 죽음이 두려워서 옳음을 거부하고 누구에게 비굴하게 굽신거리는 짓을 하지 않았다는 사실을 말입니다. 이것은 실제로 있었던 일입니다.

아테네인 여러분, 사실 저는 이 나라에서 어떤 관직도 맡아 본 적이 없습니다. 하지만 협의회 의원이 되었던 적은 있습니다. 그런데 해전에서 생존자들을 건져 올리지 못한 열 명의 장군들에 대해 여러분께서 한꺼번에 일괄 재판할 것을 겸의했을 당시 하필 우리 부족인 안티오키스 부족이 협의회 업무를 관장하게 되었습니다. 나중에 여러분 모두도 그렇게 판단했듯이 일괄 재판은 법을 어기는 일이었지요. 그때 협의회의 업무를 관장하던 부족 사람들 중 저 혼자만 유일하게 법률에 어긋나는 그런 행위를 하지 말아야 한다고 반대했습니다. 선동가들은 저를 고발하고 체포하려고 했으며 여러분도 그렇게 해야 한다고 주장하면서 저에게 마구 고함을 질러 댔습니다. 하지만, 저는 감금이나 죽음이 두려워 옳지 못한 결정을 내리려고 하는 여러분 편이 되는 것보다, 법을 준수하고 옳음을 지키기 위해 온갖 위험을 무릅써야만 한다고 생각했기에 그렇게 행동했습니다. 그리고 이것은 이 나라가 아직은 민주정 체체였을 때의 일이었습니다. 그러나 과두정 체제가 수립되자 이번에는 30인이 저를 다른 네 사람과 함께 원형 건물로 출두시켜서 살라미스 사람인 레온을 사형에 처해야 하니 연행해 오라고 명령했습니다. 이런 일을 그들은 다른 사람에게도 많이 지시했는데, 이것은 그들이 되도록 많은 사람을 비행에 연루시키고자 했기 때문입니다.

그렇지만 표현이 다소 거슬리지 않는다면 말씀드리겠습니다. 그때에도 역시 저는 생과 사에 연연하지 않았습니다. 저는 옳지 못한 짓, 불경한 짓을 결코 행해서는 안 된다는 것을 말이 아닌 행동으로 보여 주었습니다. 그 정권은 강력한 영향력을 가지고 있었지만 저를 위협해서 옳지 못한 짓을 하도록 강제할 수는 없었습니다. 우리는 원형 건물에서 나왔는데, 다른 네 사람은 레온을 연행하기 위해 살라미스로 갔지만 저는 그들과 헤어져 바로 집으로 돌아와 버렸습니다. 만약 그 정권이 그렇게 빨리 붕괴되지 않았더라면 아마 저는 그 일로 인해 처형되었을지 모릅니다. 이 사건에 대해서는 많은 사람들이 보고 들으셨기 때문에 여러분들께 그들이 증인이 되어 드릴 것입니다.

만약 제가 공적인 일을 수행하면서도 선량하게 살면서 옳음을 중히 여기고 이를 다른 사람들에게 권고했다면 그토록 오랫동안 살아남았을 수 있었을까요? 아테네인 여러분, 그것은 어림도 없는 일이지요. 만약 그랬다면 어느 누구도 살아남지 못했을 겁니다. 그러나 저는 전 생애를 통해 공적으로나 사적으로나 똑같이 행동했습니다. 그 누구를 상대하더라도 옳지 않은 일에 결코 연루되지 않는 사람으로 말입니다. 그가 남이거나 저를 비방하는 자들이 저의 제자들이라고 주장하는 그 사람들이거나를 가리지 않고서 말입니다.

또한 저는 결코 다른 사람의 선생이 되어 본 적이 없습니다. 그러나 만약 누군가 제가 말하는 것을 듣고자 하는 경우에는 노소를 불문하고 거절하지 않았습니다. 저는 돈을 받으면 대화를 하고 그렇지 않으면 대화를 하지 않는 그런 사람도 아닙니다. 부자나 가난한 사람을 가리지 않고 똑같이 그들의 물음에 답하고자 했습니다. 만일 누군가가 제가 답변하는 말을 들으려고 한다면 말입니다. 그리고 저는 이들 중 누구에게도 가르침을 약속한 적이 없으며 가르쳐 준 적도 없습니다. 따라서 이들이 선량한 사람이 되든 안 되든 간에 그것을 저에게 책임 지우는 것은 부당합니다. 그런데도 만약 누군가 저로부터 개인적으로 배우고 들은 적이 있다고 한다면, 그것이 무엇이든 간에 여러분께서는 그가 진실을 말하지 않는다고 생각해 주시기 바랍니다.

여기서 소크라테스는 오래 살기를 원한다면 공적인 국가의 일을 하지 말아야 한다고 주장한다. 그 근거로 자신이 공적인 일을 수행하면서 경험한 사례를 제시한다. 사실 그는 공적인 일을 수행한 적이 별로 없었다. 단지 부족들끼리 추첨을 통해 돌아가면서 공적인 업무를 수행하는 아테네의 관례로 보아 그의 부족들이 업무를 맡았을 때 잠시 협의회 일을 담당했을 뿐이다. 즉 그의 부족인 안티오키스 부족이 추첨 결과에 따라서 아테네 협의회의 업무를 관장했을 때였다.

기원전 406년, 아테네가 미틸레네와 소아시아의 해안 사이에 있는 에게해의 작은 군도 아르기누세에서 스파르타 함대를 상대로 싸워 승리를 거뒀다. 하지만 불행하게도 폭풍 때문에 연락이 두절되었다. 그래서 장군들은 파괴된 전함에서 생존자들을 구조하지 못했다. 그런데 이에 대한 책임을 물어 장군들을 일괄 재판에 회부하여 처벌하려는 사건이 발생했다. 하지만 당시 법에는 일괄 재판이라는 것이 없었기에 이는 명백한 위법이었다.

그럼에도 불구하고 대다수 협의회 사람들은 전쟁에 나가 자식을 잃고 분노하는 유족들의 요구에 따라서 그들을 일괄 재판에 회부해야 한다고 목소리 높여 주장했다. 이때 오로지 소크라테스만이 이를 극구 반대하고 나섰다. 물론 이 사건으로 그는 사람들의 미움을 한 몸에 받았지만 말이다. 그 결과 많은 장군들이 유죄 판결을 받고 사형에 처해졌다. 소크라테스는 바로 이 사건을 거론하면서 이것이 나중에 불법으로 밝혀졌다는 것을 배심원들에게 상기시켰다.

하지만 사람들은 그의 이런 주장이 옳음 앞에서 소신을 지키는 용기 있는 행동이라고 보지 않았다. 오히려 배심원들과 방청객들은 소크라테스가 아테네인들을 감정적 격정을 이겨 내지 못하고 법을 어기면서까지 불의를 저지르는 파렴치한으로 몰아붙인다고 받아들였다.

이와 더불어 소크라테스는 또 다른 사례를 제시했다. 그것 역시 자신이 목숨을 무릅쓰고 소신을 지키고자 했던 일을 말한다. 펠로폰네소스 전쟁에서 패하고 난 이후 아테네에는 과두정 체제가 수립되었는데, 그 과두정의 30인은 소크라테스를 포함하여 다섯 명을 불러 살라미스 사람인 레온 장군을 잡아오라고 명령을 내렸다. 그런데 레온 장군은 민주주의자로 옳지 않은 일이라고는 전혀 하지 않는 도덕적인 인물이었다. 참주들이 레온을 반역자로 규정한 이유는 그가 가진 많은 재산을 압수하여 자신들의 재정적인 부담을 덜기 위해서였다. 그래서 그를 잡아오라는 명령을 소크라테스를 포함한 사람들에게 내린 것이다.

하지만 소크라테스는 과두 정권의 강압적 명령에도 아랑곳하지 않고 소신 있게 행동했다. 다른 네 사람은 옳지 않은 명령이었음에도 강압에 의해 살라미스로 레온 장군을 잡으러 갔지만 그는 집으로 돌아가 버렸기 때문이다. 이러한 행동은 그 스스로 고백했듯이 그 정권이 빨리 몰락하지 않았다면 명령 불복종에 해당되는 것이어서 목숨을 부지하기 어려웠을지도 모르는 일이었다. 사실 이때 레온을 잡으러 간 사람들 중에는 소크라테스를 고발한 멜레토스도 있었다. 하지만 소크라테스는 그를 거론하지 않고 불의한 국가의 명령에 불복종한 자신의 용기 있는 소신에 대해서만 피력한다.

고대 아테네에서는 18세부터 60세까지의 남자는 전투가 있을 때마다 군대에 소집되었다. 시민권을 가진 사람은 누구나 전사가 되어 자유를 수호해야 하는 의무가 있었기 때문이다. 소크라테스도 예외는 아니었다. 《향연》을 보면 소크라테스는 매서운 한겨울에 전쟁터에 나아가 다른 병사들이 추위에 떨며 다리를 양털로 감쌀 때 홀로 용감하게 맨발로 얼음 속의 물을 헤치며 아무렇지도 않게 걸어 다녔다고 한다. 이런 그가 공적인 일을 수행하려면 자신의 목숨을 내놓아야 한다고 주장한 것은 그만큼 당시 아테네에서는 공적으로 일을 수행할 때 올바르지 않은 일이 비일비재하게 많았다는 것을 반증한다. 어쨌든 그는 이런 상황일지라도 선량한 사람이라면 공적이든 사적이든 옳지 않은 일에 대해서는 용감하게 뿌리쳐야만 한다고 주장한다.

이런 이유 때문인지 몰라도 소크라테스는 실제로 민회에 열심히 참여하지 않았으며 더욱이 주도적인 역할을 수행하지도 않았다. 아마도 소크라테스는 정치에 대한 적극적인 참여는 부정과 부패에 발을 담그는 것으로 여겼던 것 같다. 더욱이 민회에서는 다수의 견해가 진리인데, 그것에 저항하다 보면 불평분자나 반역자로 낙인찍힐 수도 있었다. 그래서 차라리 정치와 일정한 거리를 두는 것이 자신의 양심을 지키면서 철학적 사명을 수행할 수 있는 길이라 판단했을 것이다.

소크라테스는 그가 정치적 행위를 하지 않은 것을 신의 명령이라고 말한다. 즉 자신이 정치에 직접 관여하지 않는 것이 신이 내린 명령이라는 것이다. 아테네의 정치는 오래전부터 부도덕과 방종이 판을 치고 있었기에 원칙을 지키고자 하는 시민의 삶이 위태로울 수 있었다. 그래서 그는 아테네의 정치를 도덕적으로 개혁하고자 하였다. 그는 개인적으로나 공적으로나 일관성 있게 행동했다. 그는 민주정 체제든 과두정 체제든 정부 형태에 상관없이 어떠한 상황에서도 공동체나 자신이 옳지 않은 일을 하는 것에 반대했다.

9 캐물음은 젊은이들에게 즐거움을 주었을 뿐 이들을 타락시키지는 않았다

그렇지만 도대체 무엇 때문에 사람들은 오랜 시간을 저와 함께 보내면서 즐거워할까요? 아테네인 여러분, 여러분께서는 들으셨습니다. 제가 여러분께 말씀드린 모든 진실을 말입니다. 사실 현명하지 못하면서 스스로 현명하다고 생각하는 사람들이 저로부터 캐물음을 당하는 것을 보고 들으면서 사람들은 즐거워합니다. 사실 그것이 즐겁지 않은 것은 아니니까요. 그러나 제가 이미 말씀드렸듯이 그 캐물음은 신이 제게 내린 소명입니다. 신탁을 통해, 꿈을 통해, 그 밖의 어떤 신의 계시를 통해 사람들로 하여금 실천하도록 명령하는 그런 방식으로 저에게 소명을 주었지요.

아테네인 여러분, 이것은 진실이기에 쉽게 규명할 수 있습니다. 왜냐하면 만약 제가 젊은이 중 일부를 이미 타락시켰으며, 또 지금도 타락시키고 있다면 이들 중의 일부분은 나이가 들어 젊었을 때 자신들에게 제가 나쁘게 조언해 준 적이 있다는 것을 깨닫게 되었을 겁니다. 그렇다면 그들이 저를 고발하고 보복해야 하는 게 당연하겠지요. 만약 그들 가족들 중 아버지, 형제, 그 밖의 다른 친척들 누군가가 저로 인해 피해를 입었다면 지금이라도 그것을 생각해 내서 저에게 보복하려 들 것입니다. 그분들 중 많은 분이 지금 이 자리에 계십니다.

먼저 여기 이 크리톤인데, 저와 동갑이며 같은 부락민이고 여기 이 크리토불로스의 아버지입니다. 다음은 스페토스 부락민으로 아이스키네스의 아버지인 리사니아스, 그리고 케피시아 부락민으로서 에피게네스의 아버지인 안티폰이 있습니다. 더 나아가 저와 같이 시간을 보낸 이들의 형제들이 여기 와 있습니다. 테오조티네스의 아들이며 테오도토스의 형인 니코스트라토스가 있습니다. 그리고 테오도토스는 이미 죽었으므로 그의 형이 저를 고소할 수 있을 것입니다. 또한 여기 파랄리오스는 데모도코스의 아들이자 테아게스의 형제입니다. 그런가 하면 아데이만토스는 아리스톤의 아들로 여기 있는 이 플라톤과 형제입니다. 그리고 아이안토도로스는 여기 있는 아폴로도로스와 형제입니다. 그 밖에 많은 사람을 제가 여러분께 말할 수 있습니다. 멜레토스는 무엇보다 우선 이분들 중에서 몇 분을 자신의 주장에 대한 증인으로 세워야 했습니다. 만약 그가 혹 잊었다면 지금이라도 세우게 하십시오. 제가 비켜나도록 하지요. 혹 그가 그렇게 할 의향이 있다면 말하게 해 주십시오.

그렇지만 여러분, 이와 반대로 여러분께서는 이분들 모두가 곧 저를 도울 것을 알게 될 겁니다. 멜레토스와 아니토스가 주장하는 것처럼 제가 자신들의 가족을 타락시키고 피해를 주었음에도 말입니다. 해악을 입은 당사자들이 저를 도와주려 한다면 그만한 이유가 있을 테지요. 그들은 타락하지도 않았고, 이미 나이 든 그들의 친척들이 오히려 저를 도와주려고 하니까요. 무슨 이유로 그럴까요? 제가 정당하다는 것 외에 무슨 다른 이유가 있겠습니까? 그들은 멜레토스가 거짓말을 하고 있는 데 반해, 제가 진실을 말하고 있다는 것을 알고 있기 때문입니다.

아테네의 전통에 따르면, 상대에게 전통적인 가르침을 일깨우며 이를 전수하는 사람이 교사였다. 당시로서는 소크라테스가 사람들 앞에서 시범을 보이며 캐물음을 반복한 것은 교사의 행위로 볼 수 있다. 그리고 이러한 그의 철학적 행위는 비판적이고 파괴적이었다. 소크라테스를 따르던 알키비아데스, 크리티아스, 카르미데스 등이 반종교적이었고 정치적인 죄를 저지른 적이 있기 때문이다. 분명 재판에서 원고는 제멋대로 날뛴 소크라테스 제자들의 방종한 행위에 대해 소크라테스에게 책임을 물으려 했을 것이다.

하지만 소크라테스는 자신이 젊은이들을 타락시킨 것이 아니라 도리어 젊은이들에게 즐거움을 주었다고 주장한다. 그의 질문에 대해 평소에 잘난 체하던 사람들이 답변도 제대로 하지 못해 쩔쩔매는 꼴을 보고 있노라면 지켜보고 있는 사람들은 내내 즐거울 수 있었다. 그리고 원고들은 그가 젊은이들을 타락시켰다고 주장하지만 소크라테스는 사실과 전혀 다르다는 근거로 다음의 예를 들고 있다.

자신이 정말 젊은이들을 타락시켰다면 이 젊은이들이 장성하여 철이 든 이후 왜 자신을 타락시켰냐면서 소크라테스에게 보복을 하려 들 것이고 고발했을 터인데 그런 사람이 없다는 것이다. 더구나 우리 자식을 이렇게 타락시켰으니 아버지나 형제들, 친척들이 나서서 고발할 법도 한데 그런 사람들은 없었다는 것이다. 오히려 그들은 소크라테스의 재판을 도우려고 하고 있으니 그들을 증인으로 세우려면 세워 보라고 오히려 멜레토스에게 큰소리치고 있다.

10 동정을 구하지 않고 당당히
배심원들과 신께 판결을 맡기다

자, 이제 됐습니다. 여러분, 제가 변론할 수 있는 것은 이 정도입니다. 하지만 여러분 중의 누군가는 자신의 경우를 떠올리면서 언짢아하실 수도 있습니다. 혹 여러분은 저의 소송보다 더 작은 일로 법정 다툼을 하면서도 최대한 동정을 사기 위해 아이들, 친척들, 많은 친구들을 데려와서 재판관 앞에서 울고 빌고 탄원한 일이 있었을 겁니다. 하지만 저는 이와 같은 행동을 전혀 하지 않기 때문일 테지요. 그것도 이렇게 목숨이 경각에 달린 위험에 처해 있는데도 말입니다. 그래서 누군가는 이런 생각을 하면서 제가 배심원들에게 빌지 않았기 때문에 그들이 화가 나서 유죄를 결정할 것이라고 생각할 수 있겠지요.

만약 여러분 중에 누군가가 진정 이런 심정이라면―저는 그런 분이 사실 계시리라고는 생각지 않습니다만―그분께 이런 말씀을 드리고 싶습니다. "보십시오. 제게도 가족 몇 명은 있습니다. 호메로스의 구절처럼 내가 태어난 것은 '참나무에서도 아니고 바위에서도 아니고' 사람들 사이에서이므로 가족이 있는 것은 당연하겠지요. 아테네인 여러분, 나에게는 친척도 있고 아들도 셋이나 있습니다. 아들 하나는 이미 청년이지만 둘은 아직 아이들입니다. 그럼에도 불구하고 이들 중 그 누구도 이리로 데려와 여러분들이 무죄 방면의 투표를 하도록 동정을 구하고자 빌지는 않을 것입니다."라고 말씀입니다.

그렇다면 무엇 때문에 제가 동정을 구하는 행동을 전혀 하려고 들지 않는 것일까요? 아테네인 여러분, 제가 고집이 세서도, 여러분을 업신여겨서도 아닙니다. 제가 죽음에 직면해서 담대하다는 것을 보여 주기 위함도 아닙니다. 저의 명성을 고려해 볼 때, 저를 위해서나 여러분이나 나라를 위해서도 일흔의 나이에 지혜로운 자라는 이름을 가진 제가 그런 행동을 한다는 것은 아름답지 않다고 생각하기 때문입니다. 이 이름이 참된 것이든 거짓된 것이든 소크라테스가 많은 사람과 다르다는 것은 잘 알려져 있습니다. 따라서 만일 여러분 중 지혜나 용기, 또 다른 어떤 훌륭한 면이 남다르다고 생각되는 사람들이 그와 같이 행동한다면 그것은 분명 부끄러운 일일 것입니다. 무엇이나 되는 듯 여겨지던 사람들이 재판을 받게 될 경우, 대경실색할 만한 행동을 하는 경우를, 저는 여러 차례 목격했습니다.

그 이유는 자기들이 사형에 처해지면 무서운 일을 겪게 될 것이라 생각해서입니다. 그리고 사형 선고에 처해지지 않는다면 자기들이 마치 영생이라도 살 것처럼 굴면서 말입니다. 저는 그런 사람들은 국가를 수치스럽게 만든다고 생각합니다. 그래서 아테네인들 중에서도 남다르게 훌륭한 사람들, 말하자면 명예로운 관직이나 직책에 있는 사람들이 그런 행동을 할 경우, 다른 나라 사람들은 그들을 여인네들과 전혀 다르지 않다고 생각할 것입니다. 아테네인 여러분, 대단한 사람이라 여겨지는 사람들은 이런 짓을 해서는 안 됩니다. 혹시라도 우리 중 누군가가 그런 짓을 할 경우 여러분은 그것을 용인해서도 안 됩니다. 오히려 여러분께서는 가만히 있는 자보다 이처럼 애처로운 행동을 연출하여 이 나라를 우스운 꼴로 만드는 자에게 더욱더 유죄 판결을 내려주셔야만 합니다.

여러분, 명성이 있든 없든 간에 무죄로 풀려나려고 배심원들에게 비굴하게 구는 것은 옳지 않은 일입니다. 오히려 배심원들을 가르치고 설득해야 할 것입니다. 왜냐하면 배심원들이 이 자리에 있는 것은 사사로운 감정을 갖고 선심을 쓰기 위해서가 아니라 옳음과 그름을 판결하기 위해서이기 때문입니다. 그리고 그들은 아는 사람에게 호의를 베풀지 않고 법률에 따라 재판할 것을 서약했습니다. 그러므로 우리가 배심원 여러분으로 하여금 거짓으로 서약하게 하는 버릇을 들게 해서도 안 되고 여러분께서도 그런 행동을 하시면 안 됩니다. 그것은 우리들 모두가 신들을 공경하지 않는 것이 되기 때문입니다.

그러므로 아테네인 여러분, 여러분께서는 제가 아름답지도 않고 올바르지도 않으며 경건하지도 않은 행동을 여러분 앞에서 해야 한다고 생각하지 마십시오. 그것도 특히 제가 여기 있는 멜레토스가 제기한 불경죄의 피고발인이 된 지금 상황에서 말입니다. 왜냐하면 만약 제가 여러분을 설득하면서 봐달라고 빈다면 서약한 여러분께 신들의 존재를 믿지 말도록 가르치는 것이기 때문입니다. 또한 이는 제가 변론을 통해 스스로 신들을 믿지 않는다고 제 자신을 고발하는 셈이 되기 때문입니다.

하지만 이것은 사실과는 전혀 다릅니다. 아테네인 여러분, 저도 역시 신들을 믿고 있습니다. 저를 고발한 사람들 중 그 누구에게도 뒤지지 않을 만큼 독실한 신앙심을 가지고 말입니다. 그러니 저를 위해서나 여러분을 위해서나 최선의 방향으로 판결을 내려 주실 것을 말씀드리며 여러분과 신께 이 재판의 판결을 맡기도록 하겠습니다.

마침내 소크라테스는 배심원들의 판결 전에 마지막 변론을 하기에 이른다. 그런데 그는 당시 법정에서 피고인들이 흔히 하던, 동정심을 유발하기 위해 비굴하게 울거나 호소하는 행동을 하지는 않았다. 고대 아테네 법정에서는 피고발자들이 배심원들의 판결 전에 자신의 죄를 조금이나마 감면받기 위해 동정심에 호소하는 일이 많았다. 법정에서 목 놓아 울거나 자기 처지의 열악함을 늘어놓으면서 선처를 구하거나 심지어 자신의 자녀들, 형제자매들까지 데려와 그들이 대신 사정하도록 하거나 하는 식이었다.

이런 점에서는 유명한 페리클레스조차 예외는 아니었다. 일설에 이하면, ㄱ도 정부였던 아스파시아의 목숨을 구하기 위해 배심원들에게 애원하며 동정을 구걸하고 울음을 터트렸다고 한다. 그 밖에도 스스로의 명예를 포기하고 비굴하게 동정심을 이끌어 내리던 유명한 인물들이 많이 존재했다.

반면 소크라테스는 이런 행위들은 비굴할 뿐만 아니라 옳지 않다고 여겼고 심지어 국가를 수치스럽게 만드는 짓이라고 생각했다. 그에게도 아내인 크산티페와 세 아들이 있었다. 장남은 거의 성인이 되었으나 아래 두 아들은 아직 어린아이였다. 그러니 그들을 법정에 데리고 와서 충분히 동정을 구할 수 있는 처지였다. 하지만 그는 일흔의 나이에 목숨을 부지하기 위해 배심원의 감정에 호소하는 짓은 옳지 않으며 명예롭지 못하다고 여겼다.

그뿐만이 아니었다. 그는 배심원들에게 오히려 목소리 높여 당당하게 이렇게 주장하기까지 한다. 배심원들이 신께 공정한 재판을 할 것이라고 서약하고서도 사사로운 감정에 얽매여 안면이 있는 사람을 눈감아 주거나 선처하는 것은 신께 불경죄를 저지르는 짓이며 결코 올바르지 않다고. 그런데 그의 이러한 태도는 오히려 배심원들의 반감을 사기에 충분했다. 애처로운 표정으로 싹싹 빌면서 목숨만은 살려 달라고 애걸해도 모자랄 판에 시건방지게 지금 누굴 가르치고 훈계하느냐는 식으로 말이다.

사실 소크라테스의 이런 태도 때문에 그를 동정하는 배심원들조차 당황스러웠을 것이다. 고대 그리스 연구가인 영국의 역사가 조지 그로트는 소크라테스의 변론을 평가하면서, 처음부터 배심원들을 설득해야 한다는 목적에 부합하지 않는 변론이었다고 말한다. 그 이유는 그의 변론에는 많은 모순점이 발견되기 때문이다. 스스로 무지하다고 주장하던 사람이 그토록 현명한 지혜를 신에게서 받았다고 주장하는가 하면, 정치에 관심이 없다면서 아테네의 발전을 위해 커다란 봉사를 했다고 주장하기도 한다. 불경죄로 고발당했으면서도 자신은 신에 대한 경외심이 누구보다도 강하다고 주장하고, 젊은이들을 타락시켰다는 죄목에 대해서는 자신이 젊은이들을 즐겁게 만들고 오히려 향상시켰다고 주장한다. 영웅적인 모습과는 거리가 먼 자신을 마치 영웅인 양 과시하기도 한다.

인간은 이성과 논리에만 좌우되어 어떤 결정을 내리지 않는다. 왜 많은 피고발인들이 아테네 법정에서 동정과 연민을 불러일으키는 수법을 사용했겠는가? 그 이유는 그것이 먹혔기 때문이다. 그의 연설이 성공하기 위해서는 이성적 논리를 다소 접더라도 청중의 감정에 호소할 수 있어야 했다. 법정 연설 역시 배심원들로부터 감정적으로 호의적인 반응을 유도하는 것이 무엇보다 중요했다. 이 점은 오늘날의 법정에서도 피고인의 '반성하는 태도'를 참작해 감형해 주는 것과 동일한 원리다. 그런 점에서 소크라테스의 변론은 당시 아테네 상황에서는 미흡하고 부족했다. 그리고 그것은 그대로 판결에 반영되었다.

IV

유죄 판결을 받은 이후의 변론

소크라테스는 자신의 고발에 대한 변론을 하였으나 이는 당시 아테네의 일반적인 변론과는 거리가 멀었다. 오히려 소크라테스는 자신을 신이 아테네에 보내 준 선물이며, 신탁에서도 자신보다 더 현명한 사람은 없다고 말했다고 주장한다. 그는 배심원들을 재판관이라고 부르지 않고 단지 아테네 시민 여러분이라고 명명한다. 그리고 법정에서 자신을 심판할 배심원들을 향해 충고를 아끼지 않는다. 재판관의 임무와 역할은 정의와 부정의를 가리는 것이라고.

《변론》에 등장하는 소크라테스는 다양한 이미지를 가지고 있다. 고발자의 주장대로 젊은이들을 타락시키고 국가가 믿는 신을 믿지 않는 불경한 사람, 아테네의 반역자였던 알키비아데스와 크리티아스의 스승, 《구름》에 나타난 것처럼 학생들에게 비싼 수업료를 받고 기만적인 수사법을 가르치는 교사, 자연 철학자이며 무신론자인 아낙사고라스의 제자, 아테네 법정의 전통적인 관습을 조롱하며 비웃던 냉소적인 인물, 도발적으로 인습을 타파하며 기존의 신념과 가치관을 위협하는 인물, 자신의 무지를 내세우면서 상대 논리의 허점을 예리하게 지적하여 상대를 불쾌하게 만들고 화나게 하는 사람, 신과 개인적으로 밀접한 관련이 있다고 주장하면서 신의 소명을 수행하느라 늘 바빠서 아테네 시민의 핵심 임무인 정치적 참여를 하지 못했다고 말하는 사람, 신성한 신의 목소리를 들으면서 영감을 통해 계시를 받는다고 주장한 사람, 아테네의 등에로서 끊임없이 질문하고 되묻기를 게을리 하지 않는 사람, 철학적인 삶을 사느라 가정 일에 등한하고 자식들을 제대로 돌보지 못한 무능한 가장, 전쟁에 나아가 최선을 다해 열심히 싸운 전사, 개인적 도덕 앞에서 국가의 명령에 불응하는 용기 있는 사람 등이다. 이러한 다양한 모습을 지닌 소크라테스에 대해 500명의 배심원들은 각각 유죄와 무죄를 의미하는 두 개의 항아리 중 한 곳에 자신의 표를 던져야 했다.

500명의 배심원 중 220명은 무죄, 280명은 유죄를 택했다. 결과는 유죄였다. 소크라테스의 재판은 법에 의해 형량이 이미 결정되어 있는 법정형과 달리 불경죄를 다루는 재판이다. 따라서 불경죄의 경우, 유죄 판결이 있게 되면 고발인들이 형량을 제시하게 되어 있다. 아니토스는 "법정에 데려오지 않았으면 몰라도 이왕 법정에 소크라테스를 데려온 이상 그를 반드시 죽여야 한다."라고 말할 정도로 과격했다. 그리고 다른 고발인들도 그에게 사형이 내려져야 한다고 강력하게 주장했다. 이제 피고발인으로서 소크라테스의 형량 제안이 남아 있으며, 배심원들은 고발인들이 요구한 형량과 피고발인 측이 제시한 형량 중 하나를 선택하게 되었다.

소크라테스의 말처럼 220 대 280이니 30명만 유죄에서 무죄로 이동하였다면 그는 무죄로 방면될 수 있었을 것이다. 하지만 결과는 유죄였다. 아테네의 배심원들은 그를 처형까지 시킬 생각은 없었는지 모른다. 하지만 그의 도발적인 신념과 사상들이 분명 아테네의 국법 질서에 나쁜 영향을 줄 것이라 판단했다. 그리고 배심원들은 소크라테스가 피고발자를 자신이 아닌 아테네 전체로 돌리는 것에 대해 분노했다. 그리고 이러한 소크라테스에게 무죄를 내리는 것은 오히려 아테네에 유죄를 내리는 것과 같다고 판단한 것이다. 이러한 투표 결과가 그 자신에게 그리 놀라운 일이 아니라고 여기며 소크라테스는 평생 자신이 지녔던 철학과 소명에 대해 담담하게 밝히고 자신이 생각하기에 적절한 형량을 제안한다.

1 유죄 판결을 받았지만, 영빈관에서 받는 식사 대접이 마땅하다

아테네인 여러분, 여러분께서 제게 내린 유죄 판결에 대해 저는 그다지 언짢지 않습니다. 이 결과를 제가 예측하지 못한 것도 아니었기에 더욱 그렇습니다. 단지 투표 결과에서 찬성표과 반대표의 숫자에 도리어 놀라고 있습니다. 서른 표만 더 있었다면 저는 무죄 방면이 되었을 것입니다. 아니 그보다는 제 생각으로는 이제 멜레토스로부터 저는 무죄 방면이 된 것 같습니다. 비단 무죄 방면이 되었을 뿐만 아니라, 다음과 같은 사실이 명백해졌습니다. 만일에 아니토스와 리콘이 저를 고소하지 않았다면 그는 총 투표수의 5분의 1을 얻지 못하여 1천 드라크마의 벌금을 물게 되었을 겁니다.

어찌 되었건 그는 저에게 사형을 요구하고 있습니다. 좋습니다. 그렇다면 아테네인 여러분, 저는 어떤 형벌을 제시해야 할까요? 제가 받아 마땅한 형벌이 무엇일까요? 저는 일생을 편안하고 조용히 지내지는 못했습니다. 저는 대다수 사람들이 관심을 갖는 돈 버는 일, 가정의 살림 돌보기, 장군의 직위, 대중 연설가 노릇, 그 밖의 여러 가지 관직, 정치적 결사나 당파에 대해서는 무관심했습니다. 저는 이런 일에 관여하면서 무사히 살아가기에는 제 스스로 너무 올곧은 사람이라 생각했습니다. 그래서 저는 여러분이나 저를 위해 아무 이득도 없다고 판단되는 그런 일에는 끼어들지 않았습니다. 오히려 저는 개인적으로 여러분 모두가 최선의 길을 갈 수 있도록 매진했습니다. 그래서 여러분 각자가 자신을 최대한 훌륭하고 지혜롭게 만들도록, 나랏일에 마음 쓰기에 앞서 나랏일에 대해서는 아무런 관심을 갖지 않도록 설득하려 했습니다. 그 밖의 다른 것에 대해서도 똑같은 방식으로 마음을 쓰도록 하려고 했습니다. 그러니 이런 일을 한 사람으로서 제가 어떤 형벌을 받아야 마땅할까요?

아테네인 여러분! 제가 어쨌든 형량을 제시해야 한다면 그것은 가장 적절한 것이어야 할 테지요. 그리고 그것은 저에게 좋은 것이어야 합니다. 그렇다면 여러분에 대한 조언을 하느라 이제 여가가 필요한 가난한 은인에게 어떤 것이 적절할까요?

아테네인 여러분, 저는 제가 프리타네이온(영빈관)에서 식사 대접을 받는 것이 가장 적절하다고 생각합니다. 올림피아 경기에서 말이 끄는 전차 경주에서 우승을 한 사람보다 오히려 제가 식사 대접을 받는 것이 적절하다고 생각합니다. 그는 여러분을 행복해 보이게 만들어 주지만 저는 여러분을 실제로 행복하게 만들어 주기 때문입니다. 그리고 그는 경제적인 부양이 전혀 필요 없는 사람이지만 저는 그것이 필요한 사람이기 때문입니다. 그러므로 만약 제가 합당한 형량 제의를 해야 한다면, 저는 영빈관에서의 식사를 제의합니다.

소크라테스는 유죄 판결을 받고 난 이후 마치 이 결과를 예측이라
도 했다는 듯이 놀라지도 언짢아하지도 않는 표정으로 자신의 생각
보다 무죄표가 더 많이 나왔다는 것에 대해서만 언급한다. 그리고 유
죄표에서 30표만 무죄 쪽으로 이동했더라면 자신이 무죄로 풀려났을
것이라는 아쉬움을 토로한다.

당시 아테네에서는 경솔한 고발이나 지나치게 많은 고발을 제한
하기 위해 고발한 사람이 배심원들로부터 전체 5분의 1의 찬성을 얻
지 못하면 벌금을 내도록 해 놓았다. 그러면서 멜레토스 단독으로 고
발했다면 아마도 배심원 5분의 1의 표를 얻지 못해 멜레토스가 도리
어 1천 드라크마의 벌금을 물게 되었을 것이라고 말한다. 1드라크마
가 당시 노동자의 하루 품삯이었으니, 1천 드라크마면 3년을 일해야
벌 수 있는 정도의 돈이다.

어쨌든 자신에게 적절한 형량이 무엇인가를 법정 안의 여러 사람
에게 반복적으로 되물으면서, 그는 죄를 지은 자가 받는 형벌이 아니
라 영빈관에서 식사를 대접받는 것이 그가 받아야 할 정당한 형량이
라고 밝힌다. 자신은 스스로의 가정사도 버리고 물질적인 부를 축적
하는 일, 관직을 얻어 명예를 구하는 일도 마다하고 아테네 시민들이
최대한 그들 스스로의 훌륭함을 찾으려는 노력을 할 수 있도록 돕는

데 일생을 바쳤기 때문에 그런 대접을 받아 마땅하다는 것이다. 통상 영빈관에서 식사 대접을 받는 사람들은 외국에서 오는 사절단이나 국가의 귀빈들, 올림피아 경주를 비롯한 범민족적 축제에서 승리한 사람들이었다. 하지만 자신은 그들보다 더 좋은 일을 했기 때문에 오히려 자신이 식사 대접을 받는 것이 더 적절하다는 것이다.

어쩌면 그는 이러한 제안이 받아들여지지 않을 것임을 알았을 것이다. 하지만 그가 이러한 제안을 한 이유는 철학이 아테네에서 가장 명예로운 일이고 가장 대접받아야 할 분야라는 것을 말하고 싶었기 때문이다. 즉 자신을 죄인으로 처벌해야 할 것이 아니라 아테네의 도덕을 위해 힘썼으니 철학자 영웅으로 대접해야 한다는 것이다. 이 같은 그의 발언을 배심원들은 어떻게 받아들였을까? 그저 어이가 없었을 것이다.

2 벌금 30므나를 제안하다

그런데 제가 여러분께 동정을 구하지 않고 간청도 하지 않고 이런 말을 하니 여러분은 제가 고집불통인 것처럼 느끼실지 모르겠습니다. 하지만 아테네인 여러분, 사실은 그렇지가 않습니다. 오히려 이것이 사실입니다. 저는 그 누구에게도 고의로 죄를 짓지 않았다는 것을 확신합니다. 하지만 지금 제가 여러분께 이것을 설득시키지 못하고 있군요. 그것은 우리가 서로 짧은 시간 동안 이야기를 나누었기 때문입니다. 제 생각에 만약 사형에 처할 만한 재판을 우리처럼 하루 만에 끝내지 않고 다른 나라처럼 여러 날 동안 진행한다면 여러분께서도 납득이 되었을 겁니다. 그러나 현실적으로 이 짧은 시간 안에 저에 대한 뿌리 깊은 편견을 없앤다는 것이 쉽지 않군요.

제가 어느 누구에게도 결코 죄를 짓지 않았다는 것을 스스로 확신하고 있습니다. 따라서 제 자신이 나쁜 벌을 받아야 마땅하다고 말할 수도 없고, 제 자신에 대한 그 어떤 형벌을 제의할 수도 없습니다. 무엇이 두려워 그렇게 하겠습니까? 멜레토스가 저의 형량으로 제안한 것을 받기가 않을까 해서요? 그게 좋은 것인지 나쁜 것인지조차 제가 무른다고 스스로 말했던 그 형량을요?

그럼 제가 익히 알고 있는 괴로운 형벌을 제안해야 할까요? 구금을 제의할까요? 하지만 제가 무엇 때문에 옥살이를 해야 하는 거지요? 해마다 임명되는 위원회, 즉 11인 위원회에 굴종하면서 말입니다. 아니면 벌금형을 제의해서, 그걸 제가 다 물게 될 때까지 감금에 처하게 되는 것을 제안해야 할까요? 하지만 저에게 이것은 방금 전에 말한 것과 똑같은 것입니다. 왜냐하면 그것을 다 물 만한 돈이 제게는 없기 때문입니다.

그렇다면 추방형은 어떨까요? 아마도 여러분께서는 이것이 저에 대한 형량으로 가장 적절하다고 생각하시어 이것으로 정했으면 하실 겁니다. 하지만 아테네인 여러분! 그렇게 한다면 사람들은 저를 목숨에 대한 애착이 대단히 강한 사람으로 여기겠지요. 만약에 제가, 여러분께서 같은 나라 사람들이면서도 저와의 대화에 참을 수 없을 만큼 정나미가 떨어져 저에게서 벗어나려고 한다는 사실을 알면서도 추방형을 택한다면 저는 여러분께 정말로 생각 없는 사람으로 보일 겁니다.

그렇다면 다른 나라 사람들은 저를 쉽게 견뎌 낼 수 있을까요? 어림도 없습니다. 아테네인 여러분! 이 나이가 된 사람이 조국에서 추방되어 이 나라 저 나라로 옮겨 다니고 사는 인생이 보기 좋을까요? 제가 어디를 가든, 여기에서처럼 젊은이들은 제가 말하는 것을 들으려 몰려들 것입니다.

아마도 누군가 이렇게 말할지 모르겠습니다. "소크라테스! 당신이 침묵하고 조용히 지낸다면, 추방되지 않고도 살아갈 수 있지 않겠소?"라고 말입니다. 이것이야말로 제가 여러분을 납득시키기 가장 어려운 점입니다. 만약에 제가 그것은 신께 불복하는 것이기 때문에 그로 인해 조용하게 살 수 없다고 한다면 여러분께서는 제가 시치미를 떼고 딴전을 부리는 것으로 여겨 납득하지 않을 겁니다. 또한 제가 가장 좋아하는 것은 다른 사람들과의 대화 속에서 여러분이 듣게 되는 사람의 훌륭함에 대한 것이라고, 그러니 캐묻지 않는 삶이란 저에게는 살 가치가 없는 것이라고 한다면, 여러분께서는 저를 더더욱 납득하지 못할 겁니다. 이것은 제가 주장하는 그대로입니다만, 여러분, 이를 납득시키기가 쉽지 않군요.

더구나 저는 평소에 저 자신이 그 어떤 나쁜 대접을 받아야 마땅하다고 생각하지 않습니다. 저에게 돈이 있다면 지불할 수 있는 만큼의 돈을 제가 벌금으로 제의했을 겁니다. 이것이 저에게 해로울 것이 없으니까요. 그러나 사실 저에게는 돈이 없습니다. 제가 물을 수 있을 만큼의 돈을 여러분께서 제게 벌금으로 물리고자 한다면 말입니다. 어쩌면 은화 1므나쯤은 지불할 수 있을지 모릅니다. 따라서 그만큼의 벌금을 제의합니다.

그러나 아테네인 여러분! 저기 서 있는 플라톤과 크리톤, 그리고 트리쿄불루스와 아폴로도로스가 저에게 30므나를 벌금으로 제의하라고 하

면서, 자신들이 보증을 설 것이라 말하고 있군요. 따라서 저는 그만큼
의 벌금을 제안합니다. 이 금액에 대해서만큼은 여기 있는 이들이 보
증할 것입니다.

소크라테스는 자신이 아테네에서 받아야 할 대접은 영빈관에서의
식사 초대라고 말한 바 있다. 그러나 물론 법정에서 그가 제시할 형
량은 그것이 아니라는 것을 자신이 잘 알고 있다. 자신에 대한 그 많
은 선입견과 편견을 법정에서 짧은 시간 안에 제거하는 것이 역부족
이라는 것을 통감하면서 시간이 더 있었다면 그것이 가능할 수 있었
을 것이라 아쉬워하고 있다.

　당시 소크라테스는 약 세 시간 정도의 변론을 한 것으로 전해진다.
사실 세 시간의 변론은 그동안 그에 대한 숱한 선입견과 편견을 제거
하기에는 턱없이 부족한 시간임에는 분명하다. 소크라테스는 스스로
자신이 죄를 짓지 않았으므로 죄를 인정할 수도 없고 그 죗값에 해당
하는 어떠한 형량을 제시할 수도 없다고 단호히 말한다.

　당시 아테네에서 형벌은 사형, 추방, 시민권 박탈, 재산 몰수, 벌금
등이 있었다. 구금은 거의 없었다. 왜냐하면 그것은 죄인을 먹여 주
고 재워 주어야 하는 것이니 국가로서는 많은 비용이 들기 때문이다.
그런 점을 아는 스크라테스는 일부러 먼저 구금에 대해 언급한다. 하
지만 구금은 위원회에 굴종하며 노예처럼 살아야 하기에 거부하겠

노라고 말한다. 아테네에는 10개 부족에서 추첨에 의해 선발된 10명에다 서기 1명을 추가시킨 11인 위원회가 있었다. 이 위원회에서 감옥의 관리와 사형 집행, 기타 재판과 관련된 업무를 맡았다.

다음으로 추방형을 언급한다. 사실 배심원들은 이것을 선택하고 싶었을 것이다. 그가 밉기는 했지만 죽여야 할 정도는 아니라고 생각했을 것이다. 하지만 그는 추방형 역시 제안하기를 거부한다. 자신이 평생을 살았던 아테네에서도 사람들이 자신을 싫어하여 추방했는데 다른 나라에서도 이와 다르지 않을 것이라 강변하면서. 더구나 그는 사람들을 찾아다니며 캐묻는 것이 신의 소명이라서 결코 포기할 수 없는데, 다른 나라 사람들이 자신을 받아 줄 수 있을까에 대해 냉소적으로 묻는다. 그러면서 소크라테스는 일흔이 된 나이에 조국을 버리고 이 나라 저 나라를 돌아다니며 살아가는 것은 온당하지 못하다고 말한다. 이제 와서 얼마나 더 살겠다고 이 나라를 떠나다니, 말이 되지 않는다는 주장이다. 자신이 그토록 이 나라가 싫었다면 재판 이전에 떠났어야 마땅한 것이지 재판에서 추방형을 택하는 것은 비겁한 행위이기에 옳지 않다는 것이다.

다음으로 벌금형을 거론한다. 사실 그가 선택할 수 있는 현실적인 대안이 이것이었을 것이다. 하지만 그는 평생 돈벌이를 하지 않아서 지독하게 가난한 형편이었다. 따라서 많은 벌금을 제시할 형편이 못 되었다. 그래서 굳이 형량을 제시해야 한다면 그의 지인들이 보증을 선다는 조건하에 30므나의 벌금형이라고 말한다. 1드라크마가 당시 노동자의 하루 품삯이라 했는데, 1므나는 100드라크마다. 그러므로 30므나는 3000드라크마로 오늘날로 환산하면(1일 최저임금 * 8시간) 거의 1억 8000만 원이 넘는 꽤 큰 금액이다.

소크라테스는 만약 누군가 그에게 캐묻는 것을 포기하고 아테네에서 조용히 지낸다고 약속하면 무죄로 방면해 주겠다고 제안할지라도 자신은 단호히 거부한다고 밝히고 있다. 그에 따르면, 진정한 삶은 성찰하는 삶이요 자신의 인생을 돌아보는 삶이며 끊임없이 반성하는 삶이다. 그래서 이 사람 저 사람을 붙잡고 대화하고 끊임없이 캐묻는 일을 그는 결코 포기할 수 없기에 그런 제안을 수락할 수 없다. 그것은 신이 내린 명령을 따르지 않는 것이며 캐묻지 않는 삶이란 사람에게는 살 가치가 없기 때문이다.

V

사형 선고를 받은 이후의 진술

유죄 판결이 내려지고 형량을 제시하는 진술 과정에서 고발인 멜레토스는 사형을, 피고발인 소크라테스는 벌금 30므나를 제의했다. 이제 배심원들의 선택만 남았다. 투표 결과는 360 대 140으로 배심원들은 압도적으로 사형을 선택했다. 앞에서도 말했지만 배심원들의 속마음은 추방형이었고 소크라테스가 그것을 요구하길 바랐다. 하지만 소크라테스는 자신이 추방당해야 할 정도로 큰 죄를 짓지 않았고, 아니 도리어 영빈관에서 식사 대접을 받아야 할 정도로 아테네 시민들을 위해 등에로서 봉사했고 더구나 일흔의 나이에 외국을 떠돌고 싶지 않다면서 이를 거부한 것이다. 그래서 그가 선택한 것은 그에게는 상당한 금액이었던 30므나의 벌금형이었지만 이것은 도리어 배심원들의 반감을 샀을 것이다. 그래서 그의 무죄를 찬성했던 배심원들조차 사형을 선택한 것으로 보인다.

펠로폰네소스 전쟁 이후 아테네가 쇠락의 길을 걸으면서 아테네인들이 진정 원했던 것은 소크라테스가 평생을 강조했던 영혼의 훈련이나 덕성의 함양이 아니라 아테네의 재건이었다. 그러다 보니 도발적이고 비판적인 그의 주장은 오히려 아테네 시민들의 반감만 샀을 것이다. 더구나 법정에서조차 자신의 정당함을 주장하는 정도를 넘어 오만하기 짝이 없게 행동하는 그를 보면서 그들은 결국 사형을 선택한 것이다. 사형은 이미 선고되었고 이제 그에게 사형을 집행하기 위한 행정적 절차만이 남아 있었다. 마지막으로 그는 자신에게 사형을 투표한 사람들과 벌금형에 투표한 사람들을 향해 소신 있는 진술을 한다.

1 사형에 투표한 사람들에게 마지막 말을 남기다

아테네인 여러분! 어쨌든 별로 길지도 않은 시간이 지나면 여러분은 소크라테스라는 지혜로운 사람을 사형에 처했다는 비난을 들을 겁니다. 이 나라를 헐뜯고 싶어 하는 자들로부터 말입니다. 여러분을 질책하고 싶어 하는 사람들은 비록 제가 지혜롭지 않을지라도, 저를 지혜롭다고 말할 테니까요. 아무튼 여러분이 잠시만 기다렸다면, 저의 죽음은 여러분을 위해 저절로 일어날 일이었을 겁니다. 제가 이미 살 만큼 살았고 죽음이 머지않은 나이니까요.

이 말은 여러분 모두에게 하는 것은 아닙니다. 저에게 사형을 투표한 분들에게 하는 것입니다. 여러분! 여러분은 아마도 제가 이 소송에서 무죄로 방면되기 위해서 온갖 짓거리와 온갖 말을 다해야 한다고 생각했겠지요. 그리고 여러분을 설득할 수 있을 변론이 부족해서 제가 유죄 판결을 받은 것으로 생각하시겠죠. 하지만 결코 그렇지 않습니다. 어찌 되었든 제가 부족해서 유죄 판결을 받기는 했습니다.

하지만, 사실은 저의 말이 부족해서가 아니라 오히려 저에게 뻔뻔스러움과 몰염치가 부족해서입니다. 또한 여러분이 듣기에 가장 기분 좋을 그런 말을 여러분에게 하고 싶어 하는 저의 열의가 부족해서 그렇지요. 이미 말했듯이 제가 여러분 앞에서 울면서 통곡하고 탄식하면서 저답지 않은 여러 가지 짓거리와 말을 하고자 하는 열의가 부족해서 그럴 것입니다. 이런 것이야말로 여러분께서는 법정에서 다른 사람으로부터 듣는 데 익숙해져 있는 것 아닙니까?

그러나 저는 재판이 시작되던 그때도 제게 다가올 위험 때문에 자유인답지 못한 그 어떤 짓도 해서는 안 된다고 생각했습니다. 지금도 그렇게 변론한 것을 후회하지 않습니다. 그러기는커녕 오히려 저는 그렇게 비굴하게 사느니보다 제 식으로 변론을 하고 죽는 쪽을 택할 것입니다. 법정에서든 싸움터에서든, 저든 다른 누구든 간에 온갖 짓거리를 다해 죽음을 피하려고 해서는 안 되기 때문입니다. 이를테면, 전투할 때, 어떤 이는 스스로 무장을 해제하고 추격자들에게 애원을 함으로써 어떻게든 죽음을 면하고자 하지요. 갖은 위험에서 벗어나 죽음을 피하기 위해서라면, 무슨 짓거리든 무슨 말이든 하려고 한다면 방법이야 그 밖에도 많이 있겠지요.

하지만 여러분! 진정 어려운 것은 죽음을 피하는 것이 아니라 비천함을 피하는 것입니다. 이것이 죽음보다도 더 빨리 내달리기 때문입니다. 저 또한 지금은 굼뜨고 늙어 더 굼뜬 것한테 붙잡혔지만, 저를 고발한 사람들은 영리하고 민첩한 탓으로 더욱 잽싼 것, 즉 못된 것한테 붙들렸습니다. 그래서 저는 지금 여러분의 사형 판결을 받고 죽음을 향해 떠납니다. 하지만, 저를 고발한 사람들은 진리에 의해 사악함과 불의라는 심판을 받았습니다. 저는 이 처벌에 따를 것이지만, 저들도 저들의 처벌에 따라야 할 것입니다. 어쩌면 이 일은 이렇게 되도록 이미 정해져 있었던 것이고, 제대로 된 것일지도 모르겠습니다.

다음으로는, 제게 유죄 판결을 내린 사람들이여! 여러분께 제가 예언을 해 드리고 싶군요. 저 또한, 사람들이 가장 잘 예언을 하게 되는 시점, 즉 죽음을 앞둔 바로 그 시점에 있습니다. 제게 사형 판결을 내린 사람들이여! 저의 죽음 이후 사형보다 훨씬 더 가혹한 처벌이 여러분에게 닥칠 것입니다. 여러분께서 이 일을 저지른 것은 자신의 삶에 대해 캐묻는 것으로부터 여러분 스스로 벗어나게 될 것을 기대하면서겠지요. 하지만 저는 여러분이 예상하는 것과 반대의 결과가 벌어질 것임을 말씀드립니다. 여러분에게 캐물을 사람들이 더 많아질 것입니다. 이들을 지금까지는 제가 막고 있었다는 것을 여러분은 모르셨을 겁니다. 이들은 더 젊기 때문에 그만큼 더 가혹할 것이며, 따라서 여러분께서는 더욱 화가 날 겁니다.

만약 여러분이 바르게 살고 있지 않다고 말하는 누군가를 사형에 처함으로써 그들이 여러분에게 따지는 일을 막을 수 있다고 생각한다면, 그것은 잘못된 것입니다. 이것은 실제로 가능하지도 않고 아름답지도 않습니다. 반면, 가장 아름답고 가장 쉬운 방법은 남들을 억압하는 것이 아니라 스스로를 최대한 훌륭해지도록 만드는 것입니다. 따라서 저에게 유죄 판결을 내린 여러분에게 이것을 말하면서 이제 떠납니다.

사형은 이미 결정된 상태이다. 그는 담담하게, 하지만 분노에 찬 목소리로 자신에게 사형을 투표한 사람들에게 말하기 시작한다. 대부분의 배심원들은 수당이라도 받기 위해 모인 노인들이었으므로 재판이 끝난 이후 집을 향하려고 부산스럽게 움직였을 것이고 법정의 관리들은 사형수가 된 소크라테스를 감옥으로 데려가야 할 상황이었다. 소크라테스는 당시 나이가 일흔이었다. 지금으로부터 2500년 전이므로 상당히 오래 살았다고 볼 수 있다. 어차피 나이가 들어 죽음이 멀지 않은 자신을 굳이 사형에 처하도록 한 사람들에게 그는 지혜로운 현자를 죽였다는 비난을 면하지 못할 것이라고 예언한다.

나아가 소크라테스는 자신이 사형에 처해진 이유에 대해서도 말한다. 자신의 변론 내용이 모자라서 그런 것이 아니라 배심원들의 동정을 사기 위해 불쌍함을 연출하는 뻔뻔스러움과 몰염치가 부족했기 때문이라는 것이다. 사람들은 누구나 듣고 싶은 말을 듣는 것을 좋아한다. 정작 자신이 들어야 할 말을 기꺼이 듣는 사람은 드물다. 그가 사형을 선고받은 이유는 바로 배심원들이 듣기 좋아하는 말을 하지 않았기 때문이라고 말한다. 자신이 사형을 선고받은 것은 법전에는 나와 있지 않은 괘씸죄에 걸려서이지 자신이 정의롭지 않은 사람이어서가 결코 아니라는 것이다.

소크라테스는 그에게 사형 투표를 한 사람들은 머지않아 가혹한 처벌을 받게 될 것이라고 말한다. 자신을 사형에 처함으로써 그들이 자신들의 삶에 대한 캐물음이 끝날 것이라고 생각한 것은 오산이라고 말하면서, 더 지독하게 캐묻는 젊은이들이 등장할 것이라 예고한다.

사실 그의 캐물음이란 사람들로 하여금 스스로 성찰하고 반성하도록 만드는 것이었다. 그리고 그런 대화를 통해 진정한 삶의 이상은 무엇이고 삶의 진정한 보람과 의의가 무엇인지를 부단히 되묻는 것이었다. 그러니 옳지 않은 방법과 거짓된 모함을 통해 사형 선고를 내려 일시적인 편안을 찾으려 한 아테네 사람들은 도덕적 심판을 받게 될 것이라는 게 그의 최후 진술인 셈이다.

2 벌금형에 투표한 사람들에게 마지막 말을 남기다

제가 무죄로 방면되어야 한다고 투표를 해 주신 분들과 지금 일어난 이 일에 관해 기꺼이 말씀을 나누고 싶습니다. 실무자들은 저를 감옥으로 보내는 업무 처리로 분주하지만 제가 죽음을 맞이하는 곳으로 가기 전까지의 시간만이라도 말입니다. 어쨌든 여러분, 그만큼의 시간 동안은 머물러 주십시오. 허용되는 시간까지 우리가 서로 이야기를 나누는 것을 막을 수 있는 것은 아무것도 없으니까요. 친구들인 여러분에게는 방금 저에게 일어난 일이 도대체 무엇을 의미하는지를 밝혀 드리고 싶네요.

재판관 여러분!—사실 여러분을 재판관이라 부르는 것이 옳을 테니까요—저에게는 놀라운 일이 생겼습니다. 저에게 익숙한 그 영적인 다이몬의 예언은 전에는 제가 무엇인가를 잘못할 때 아주 사소한 일조차도 반대를 하고 나섰습니다. 그러나 지금 바로 여러분께서 몸소 보고 있는 것처럼 사형이라는 최악의 결정이 저에게 일어났습니다. 그런데 그 신의 음성은 제가 이른 새벽 집을 나섰을 때에도 막지 않았고, 제가 여기 법정에 섰은 때 그리고 제가 진술을 하는 도중에도 뭔가를 말하려고 하는 저를 막지 않았습니다. 그렇지만 다른 논의들의 경우에는 제가 말하는 사이에 실로 많은 대목에서 저를 막았습니다. 그런데 이번의 이 일과 관련해서, 제가 어떤 행동을 하고 어떤 말을 할 때에도 다이몬은 제게 전혀 반대를 하지 않았습니다.

그렇다면 그 이유가 무엇일까요? 제가 여러분께 말씀을 드리죠. 이 일은 저에게 좋은 일이기 때문입니다. 죽음을 나쁜 것으로 생각하는 것은 잘못된 것 같습니다. 이에 대한 강력한 증거가 제게 있습니다. 제가 무언가 잘못하고 있을 때, 늘 그랬듯이 다이몬은 확실히 저에게 '하지 말라'고 반대를 했을 겁니다.

그러나 이것이 좋은 일일 가능성이 있다는 것을 이런 식으로 생각해 봅시다. 죽는다는 것은 다음의 둘 중 하나입니다. 하나는 죽음이 아무것도 아닌 것이어서 죽은 사람은 아무 감각도 갖지 않는다는 것입니다. 또 다른 하나는 예로부터 전해져 오는 것처럼, 죽음은 일종의 변화로 죽은 자의 영혼이 이곳에서 다른 곳으로 이동하는 거지요.

만약 죽음이 아무 감각도 없는 상태이기는 하지만 그것이 꿈도 꾸지 않는 일종의 수면 상태라 한다면, 죽음은 놀라울 정도로 사람들에게 이로울 것입니다. 왜냐하면 저는 다음과 같이 생각하기 때문입니다. 만일 어떤 사람이 꿈조차 꾸지 않을 정도로 깊이 잠을 잔 그 밤을 다른 밤낮과 비교해 본다면 말이죠. 자기 생애에 있어서 이 밤보다도 더 즐겁게 잘 살아간 낮과 밤이 얼마나 되는지를 헤아려 본다고 가정해 봅시다. 그런 날은 보통 사람만이 아니라 가장 행복하다고 알려진 왕조차도 쉽게 셀 수 있을 정도로 매우 적다는 것을 알게 될 것입니다. 그러므로 만약 죽음이 그런 것이라면, 죽음은 인간에게 좋은 것으로 생각됩니다. 왜냐하면 우리의 모든 시간이 이 하룻밤보다 더 좋을 것이 별로 없어 보이기 때문입니다.

만약 죽음이 이곳에서 다른 곳으로 떠나가는 것이라면, 그리고 전해져 오는 말처럼 죽은 자들이 모두 거기에 모여 있다면, 재판관 여러분, 이보다 더 좋은 것이 무엇이겠습니까? 만약 누군가 스스로 재판관이라고 주장하는 이곳 사람들로부터 벗어나 저승인 하데스에 도달하여, 진짜 재판관들 즉 정의로운 삶을 산 미노스와 라다만티스, 아이아코스, 트리프톨레모스를, 그리고 또 반신반인들 가운데 올바르게 살았던 분들을 보게 된다면, 지금의 이 떠나감이 과연 하찮은 것일까요? 또한 오르페우스, 무사이오스, 헤시오도스, 호메로스와 만나게 되는 대가로 여러분은 얼마를 지불할까요?

만약 이것이 진실이라면, 저는 몇 번이고 죽고 싶은 심정입니다. 어쨌든 저 자신에게는 그곳에서 지내는 것은 놀라운 일일 테니까요. 제가 팔라메데스와 텔라몬의 아들인 트로이 전쟁의 영웅 아이아스를 만나게 될 경우, 옛날 사람들 중 옳지 못한 판결로 인해 죽은 사람을 혹 만나게 될 경우, 그래서 제가 겪은 일과 그들이 겪은 일을 비교해 본다면, 그것은 불쾌한 일이 아닌 것이라고 생각합니다. 그리고 무엇보다도 굉장한 것은, 제가 이곳 사람들에게 했듯이 그곳 사람들 중 누가 지혜로운지, 또 누가 스스로는 지혜롭다고 생각하지만 사실은 그렇지 않은지, 그들에게 캐묻고 시험을 하면서 지내는 것이 가능하다는 겁니다.

재판관 여러분! 트로이를 향해 대군을 이끌었던 오디세우스나 시시포스, 그 밖에도 이름을 댈 만한 수없이 많은 남녀들과 대화를 나누며 그들의 삶에 대해 캐묻는 대가로 여러분은 얼마를 지불하겠습니까? 이들과 거기서 대화를 하며 함께 지내면서 캐묻는다는 것은 과분한 행복일 겁니다. 그곳 사람들은 적어도 캐물음을 이유로 사람을 죽이지 않을 테니까요. 또한 그곳 사람들은 이곳 사람들보다 더욱 행복하고, 죽지도 않겠지요. 어쨌든 전해 오는 말이 과연 진실이라면 말입니다.

소크라테스는 자신을 무죄로 투표한 사람들에게 처음으로 '재판관 여러분'이라는 호칭을 사용한다. 그 이전에는 배심원들을 보고 '아테네 시민 여러분'이라는 호칭을 사용했었다. 이 말의 의미는 정당하게 옳은 판단을 내린 재판관은 자신에게 무죄를 내린 배심원들뿐이라는 것이다. 사형이 선고되어 법정 관리들은 그를 감옥으로 데려가야 하는 일이 남았고 배심원들은 자리에서 일어나 집으로 향하려고 하는 그 어수선한 시간에, 그는 그들에게 법정에 잠시 머물러 자신의 말을 들어 달라고 요청한다.

소크라테스는 먼저 다이몬에 대한 말을 꺼낸다. 법정에서 재판을 받을 때 다이몬이 전혀 금지 명령을 내리지 않았다는 것은 그가 법정에서 옳은 선택을 했고 옳은 진술을 했다는 증거라고 말한다. 그러니 사형을 받게 되었지만 그것은 옳은 일이고 자신에게도 좋은 일이라고 주장한다.

더불어 사람들이 그토록 두려워하고 피하고자 하는 죽음을 어떻게 생각할지에 관해 자세히 말한다. 죽음은 사실 좋은 것이니 자신이 사형을 당하는 것은 나쁜 일이 아니라는 의미에서 꺼낸 말이다. 죽음이 깊은 잠과 같은 것이라면 복잡하고 고단한 삶의 시간에서 벗어나 행복하게 단잠을 자는 것이니 좋은 일이고, 전해 내려오는 대로 영혼이 이곳에서 다른 곳, 곧 저승으로 옮겨 가는 것이라면 고인이 되어 있는 위인들을 만나 그들과 함께 사색하면서 그들의 삶에 대해 캐묻게 될 테니 더 말할 수 없는 즐거움이라는 것이다. 그리고 그는 그곳 사람들은 적어도 캐물음을 이유로 사람을 죽이지 않을 것이라고 확신하기에, 그곳은 천국과 비할 바가 없을 정도로 즐거운 곳이라고 말한다.

3 모두에게 부탁을 남기고 작별 인사를 하다

그렇지만, 재판관 여러분! 여러분 또한 죽음에 대해서는 희망을 가져야 합니다. 그리고 이 한 가지는 진실이라고 생각합니다. 즉 선량한 사람에게는, 그가 살아서나 죽어서나 그 어떤 나쁜 일도 일어나지 않으며, 이 사람의 일을 신들이 소홀히 하지 않는다는 것입니다. 지금 제게 닥친 일은 저절로 생긴 것이 아닙니다. 하지만 제가 죽음으로써 이러한 골칫거리들에서 벗어나게 된 것이 오히려 더 잘된 일이라고 생각합니다. 이러한 이유로 그 다이몬도 저를 전혀 말리지 않았으며, 저 또한 제게 유죄 판결을 내린 사람들과 저를 고발한 사람들에 대해 전혀 화를 내지 않고 있습니다. 비록 저들이 이런 의도로 제게 유죄 판결을 하고 저를 고발한 것이 아니라, 해치려는 생각으로 그러기는 했지만 말입니다. 이 점에 대해 그들은 비난받아 마땅합니다.

그렇지만 여러분에게 이것만큼은 부탁을 드립니다. 저의 아들들이 자라난 이후, 여러분, 만약 그들이 사람으로서의 훌륭함보다 재물이나 그 밖의 다른 것에 대해 먼저 마음을 쓴다면, 제가 여러분을 괴롭혔던 것과 똑같은 방법으로 그들을 괴롭혀 응징하여 주십시오. 또한 만약 그들이 아무것도 아니면서 무엇이나 되는 듯 생각한다면, 제가 여러분을 비난했던 것과 똑같이, 그들을 비난해 주십시오. 이들이 정작 마음 써야 할 것에 대해 마음을 쓰지 않고, 아무것도 아닌 주제에 무엇이나 되는 듯이 생각한다면 말입니다. 그리고 만약 여러분께서 그렇게 해 주신다면, 저 자신도 저의 아들들도 여러분으로부터 올바른 대접을 받게 되는 것이지요.

이제는 떠날 시간입니다. 저는 죽으러, 여러분은 살기 위해 떠날 시간입니다. 그러나 우리 중 누가 더 나은 쪽으로 가게 될지, 신을 제외하고는 아무도 모르겠지요.

마지막으로 그는 선량한 사람에게는 생사를 떠나 절대로 나쁜 일이 일어나지 않는다는 점을 강조하면서 죽음을 좋은 일이라 여기라고 말한다. 이와 더불어 소크라테스는 모든 이에게 자신의 아들들에 대한 조언을 아끼지 않을 것을 요청한다. 마치 소크라테스가 살아 있는 동안, 잘난 체를 하거나 스스로의 훌륭함에 신경 쓰지 않고 재물을 탐하거나 명예욕에 빠져 있는 사람에게 했던 행동처럼 자신의 아들들을 똑같이 괴롭히고 비난해 달라고 부탁한다.

그러면서 비장하게 자신은 이제 죽으러, 사람들은 법정을 떠나 집을 향할 시간이라는 사실을 알리면서 누가 더 나은 쪽으로 가는지는 오직 신만이 알고 있을 것이라고 의미심장한 말을 던진다. 진리를 위해 순교하는 자신이 행복할 수도 있다는 암시인 셈이다.

이렇게 소크라테스의 재판은 끝났다. 소크라테스의 재판은 대략 아홉 시간 반 정도 걸린 것으로 추정된다. 그 시간 동안에 배심원들의 추첨, 고발장 낭독, 원고와 피고의 발언, 투표, 형량의 결정 등이 모두 진행되었다. 이 재판의 재판관은 최고 집정관인 1인이었고, 배심원 중 1인은 물시계의 조작을 맡았으며, 5인은 배심원의 수당을 지급하는 일을 맡았다.

전하는 말에 따르면, 그리스의 웅변가 리시아스는 소크라테스를 위해서 배심원들의 환심을 살 수 있도록 립 서비스를 하는 멘트까지 넣은 변론 원고를 써 주었지만 소크라테스는 이를 거절했다고 한다. 다른 피고발인들과는 달리 특별히 변론 원고조차 준비하지 않았던 그는 그 자리에서 즉흥적으로 연설을 했다. 실존주의 선구자 키르케고르에 따르면, 소크라테스는 신념이 곧 삶이며 실존이고 존재인 사람이었다. 고대 그리스의 역사가 크세노폰에 의하면, 헤르제모네스라는 사람이 변론을 하기 전에 미리 원고를 준비해야 하지 않겠느냐고 소크라테스에게 물어보자 소크라테스는 자신이 항상 옳은 것과 그른 것을 생각하고 옳은 일을 하며 그른 것을 피하는 데 몰두해 왔다고 말하면서 그것이 최고의 변론 준비라고 생각한다고 답변했다고 한다.

소크라테스는 예정대로라면 재판 다음 날 사형에 처해져야 했지만 사형을 금지하는 국가적인 행사가 있었던 관계로 연기되었다. 사제단이 델로스섬에 다녀오는 기간에는 법적으로 사형이 금지되어 있었기 때문이다. 그는 재판을 받은 지 열흘 만에 사형에 처해졌다. 2500년이 지난 지금 서양 철학의 거두로 불리는 소크라테스는 그렇게 자신의 철학적 소명을 당당히 밝히다가 자신이 나고 자란 고향, 아테네에서 억울하고 외롭게 죽어 갔다.

소크라테스의 재판에 대해서는 다양한 관점이 있다. 소크라테스의 재판을 분석한 책을 저술한 제임스 A. 콜라이아코는 아테네 시민들이 비록 소크라테스와 같은 철학 사상이 전통 질서를 파괴한다고 보았지만, 아테네가 그의 의사를 발표할 자유를 주는 사법 시스템을 갖춘 사회라는 점을 치켜세운다. 국가의 이익을 대변하는 500여 명의 시민들로 구성된 배심원들 앞에서 자신의 주장을 펼치고 자신의 철학적 사명을 성찰할 수 있는 기회를 주었다는 이유 때문이다. 또한 그는 아테네 시민들의 주장이 당시의 사회적 상황과 맥락을 고려해 볼 때 충분히 일리가 있다는 주장을 한다. 아테네는 오늘날과 같이 개인주의가 만연되어 있는 사회가 아니었고 오히려 공동체주의나 국가주의적 사고가 지배하던 사회였다. 따라서 소크라테스의 주장처럼 개인적인 덕과 올바름을 수양하는 것보다는 전쟁 이후의 국가 사회 질서 확립과 경제적 기반을 마련하는 것이 우선이었다. 그러니 그의 재판은 사회적 이념과 개인적 도덕 사이의 갈등이 부딪친 상황이라 할 수 있다.

고대 그리스 역사를 연구한 존 B. 베리는 소크라테스가 부당하게 유죄 판결을 받은 것이 아니라고 주장했다. 소크라테스는 비록 훌륭한 사람이었지만 그를 기소한 사람들의 주장도 절대적으로 옳았고 그의 처형은 개인주의의 성장에 맞선 구질서의 항의였다고 말한다. 소크라테스의 도덕적 판단과 소신에 대한 신념을 인정하면서도 아테네의 질서가 무너질 것을 우려한 사람들의 염려도 이해해야 한다는 것이다.

20세기 독일의 가톨릭 신학자이며 종교 철학자인 로마노 과르디니는 소크라테스의 재판에 대해, 수많은 가치를 가지고 있기는 하지만 이제 서서히 쇠락하는 사회인 아테네 전체와 소크라테스 한 사람이 싸우고 있는 것으로 묘사했다. 비록 소크라테스는 새로운 가치들을 가지고 있었으나 그것은 기존의 아테네가 지니고 있던 상당 부분의 가치들을 파괴하기 때문이다. 그리하여 이 둘은 서로 양립할 수 없었고 두 세력은 비극을 겪을 수밖에 없었다는 것이 그의 주장이다.

크리톤

I

소크라테스를 찾아와
탈옥을 권유하는 크리톤

　재판이 끝나고 소크라테스가 조용히 감옥에서 사형을 기다리는 동안, 죽마고우 크리톤은 너무나 맛있게 꿀잠을 자고 있는 그에게 찾아와 사형 집행이 다가오고 있음을 전하며 탈옥할 것을 권유한다. 비록 소크라테스가 재판장에서 자신이 이 나라 저 나라로 옮겨 다니며 다른 나라를 전전하는 추방형이 일흔의 나이에 어울리지 않는다고 말했지만 말이다. 소크라테스가 다른 나라로 갈 것을 대비해 모든 준비를 마친 크리톤은 타국에서 생활하는 것을 두려워하지 말라고 말한다. 또한 아버지로서의 도리와 역할을 강조하며 아이들의 양육과 교육을 위해서라도 제발 국외로 탈출하라고 권한다. 그리고 자신을 비롯한 친구들이 재판에서 적극적으로 대처하지 않아 사형을 선고받지는 않는지, 또한 사형 집행을 기다리고 있는 지금의 상황에서도 친구들이 소극적으로 대처하여 소크라테스를 결국 구하지 못하고 사형을 당하게 되는 건 아닌지 우려한다.

1 친구여, 이제 그날이 다가온 듯하네

소크라테스 크리톤, 이 시각에 무슨 일로 왔는가? 혹 이르지 않은가?

크리톤 분명 이른 시간이네.

소크라테스 몇 시쯤인가?

크리톤 아직 어둠이 짙은 새벽이네.

소크라테스 감옥을 지키는 사람이 자네를 이곳으로 들여보냈다니, 놀라울 따름이네.

크리톤 소크라테스, 내가 여러 번 찾아와서 그런지 이제는 나와 친해졌다네. 그리고 나도 친절하게 대해 주었네.

소크라테스 그런데 자네는 방금 전에 왔나? 아니면 온 지 좀 된 것인가?

크리톤 제법 오래되었네.

소크라테스 그런데 왜 나를 바로 깨우지 않고 조용히 옆에 앉아 있기만 했나?

크리톤 소크라테스, 내 자신도 이렇게 불면과 고통에 잠겨 있고 싶지 않았네. 하지만 자네가 얼마나 잠을 맛있게 자고 있는지, 그것을 보고 나는 한참 동안 놀라워하고 있었네. 자네가 즐거운 시간을 가능한 오래 보냈으면 해서 일부러 깨우지 않았네. 그리고 사실 나는 전에도 자주 자네의 이런 기질을 보면서 자네를 참 행복한 사람이라 생각해 왔었네. 하지만 지금 우리가 직면하고 있는 이 불행한 상황에서는 더욱더 자네가 행복한 사람이라는 생각이 드네. 자네가 이토록 고통스러운 시간을 수월하게, 그리고 조용히 견뎌 내고 있으니 말일세.

소크라테스 크리톤, 난 이미 죽기로 되어 있는데, 이 나이가 된 사람이 화를 낸다는 것은 격에도 맞지 않네.

크리톤 소크라테스, 그 나이가 된 다른 사람들도 불행에 빠지기는 한다네. 하지만 나이가 많다고 해서 그들이 처한 운명에 대해 화를 내지 않는 것은 아니지 않은가.

소크라테스 그건 또 그러네. 그런데 자네는 왜 이리 일찍 왔나?

크리톤 슬픈 소식을 갖고 왔네. 소크라테스, 내가 보기에 자네에게는 슬프지 않겠지만, 나와 자네 친구들 모두에게는 매우 슬프고 괴로운 소식이네. 특히 내가 견뎌 내기에 너무나 괴로운 소식이라네.

소크라테스 그게 무엇인가? 혹시 그 배가 델로스에서 왔는가? 그것이 도착하면 내가 죽어야만 하는, 바로 그 배 말일세.

크리톤 사실 그 배는 아직은 도착하시 않았네. 하지만, 내 생각으로는 그것이 오늘 올 걸세. 수니온에서 그 배를 뒤에 남겨 두고 먼저 떠

나온 몇몇 사람들이 전하는 바에 의하면 그러하네. 그러니까 그 사람들은 배가 오늘 도착할 것이라고 말했네. 그러니 소크라테스, 자네가 삶을 마감하는 것은 아마도 내일이 될 것이 분명하네.

앞의 《변론》에서 보았듯이, 소크라테스는 국가가 믿는 신을 믿지 않고 젊은이들을 타락시켰다는 죄명으로 아네테 재판에 회부되어 사형 선고를 받고 감옥에 투옥된다. 하지만 그가 사형을 받은 실질적인 이유는 그가 귀족정을 지지하는 사람들과 친했다는 것, 그리고 공개적으로 민주정을 비판했다는 것에 있었다. 그런 점에서 그는 일종의 정치범, 사상범이라고 할 수 있다.

당시 아테네에서 사상범을 실제로 사형시키는 경우는 별로 없었다. 특히 소크라테스의 경우에는 사람을 죽인 것도 아니고 폭력적으로 국가의 전복을 도모한 것도 아니어서 더욱 그렇다. 또한 당시 적지 않은 사상범들은 탈출을 감행했다. 국가에서도 그들을 엄격하게 감시하지 않은 탓에 탈출에 성공한 사상범들도 꽤 있었다.

예정대로라면 재판 다음 날 소크라테스는 사형에 처해지는 것이 맞았다. 하지만 사형을 금지하는 국가적인 행사가 있었던 관계로 그의 사형 집행은 연기되었다. 소크라테스의 재판이 있기 바로 전날, 델로스섬으로 가기 위한 배의 꽃장식이 시작되었기 때문이다. 그 배는 신성한 종교 이시을 치르기 위해 사절단을 싣고 있었다. 바로 이 배의 꽃장식이 시작되는 때부터 델로스섬에 갔다가 다시 아테네로 돌아오는 날까지 사형 집행은 법으로 금지되어 있었다. 그런데 소크라테스의 사형 집행을 연기시켰던 그 배가 이제 돌아오고 있는 것이다. 그러니 그의 사형 집행일도 다가온 것이다. 따라서 하루만 지나면 소크라테스의 사형은 집행되고 그는 이 세상을 떠나야만 한다.

어릴 때부터 같은 동네에 살았고 부유한 농민이었던 크리톤은 소크라테스의 죽마고우다. 사색적이고 철학적이었던 소크라테스와 달리 그는 학문적 관심이나 철학적 소양은 그다지 없었다. 하지만 소크라테스를 무척 좋아하고 따르던 친구였다. 소크라테스가 사형 선고를 받고 나서 감옥에 수감된 이후에도 친구들은 어렵지 않게 그를 면회할 수 있었다. 왜냐하면 부유한 크리톤이 미리 교도관들에게 손을 써 친구들의 방문을 눈감아 달라고 요청했기 때문이다. 더구나 소크라테스가 살인이나 폭력 등의 극악무도한 범죄를 저지른 것이 아니고, 일흔이라는 고령의 나이였기 때문에 교도관들의 동정심도 작용했을 것으로 추측된다.

2 오늘이 가기 전에 어서 탈옥하게나

소크라테스 어쨌든, 크리톤, 행운이 함께하기를 바라네. 그렇게 되는 것이 신의 뜻이라면 그래야겠지. 그렇지만 나는 그 배가 오늘 올 것이라고 생각하지 않네.

크리톤 무슨 근거로 그렇게 말하는 것인가?

소크라테스 그 배가 도착하는 다음 날이, 아마도 내가 죽어야 할 날이 될 거야.

크리톤 이 문제에 대해 책임을 지고 있는 11인 위원회에서는 그렇게 말하고 있네.

소크라테스 배가 오는 것은 오늘이 아니라 내일일 거야. 조금 전 꾼 꿈을 근거로 해서 그렇게 말하는 것이네. 자네가 나를 깨우지 않은 것은 매우 잘했던 것 같네.

크리톤 어떤 꿈이었는가?

소크라테스 아름답게 생긴 한 여인이 흰옷을 입고 내게 다가와 나를 부르더니 말하는 것 같았어. "소크라테스, 그대는 셋째 날 비옥한 프티아에 이를 것이다."라고.

크리톤 소크라테스, 그 꿈은 정말 이상하네.

소크라테스 아니 이상하기보다는 너무나 선명했네. 크리톤, 어쨌든 내가 생각하기에는 그러네.

크리톤 맞네. 너무나도 선명한 것 같아. 하지만 이보게 소크라테스, 지금이라도 내 말을 따라 자네 목숨을 구하는 것이 어떻겠나? 만약 자네가 사형을 당한다면 그것이 나에게는 한 가지 불행만이 아니라네. 그것은 내가 결코 다시 얻기 어려운 가까운 친구를 빼앗기는 것이네. 또 더 나아가 나와 자네를 잘 알지 못하는 많은 사람들은, 내가 돈을 써서 자네를 구하려면 얼마든지 구할 수 있었는데, 내가 친구보다 돈을 더 귀하게 여겨 자네를 구하지 못한 것으로 여길 테니까. 세상에 이것보다 더 수치스러운 일이 어디 있겠나? 우리는 열과 성을 다해 자네를 구하려고 애를 썼는데 자네가 이를 거절했다고 그들에게 말한다 해도, 아마 사람들은 그것을 믿지 않을 것이네.

소크라테스 이보게 크리톤, 그런데 우리가 왜 많은 사람들의 평판에 그렇게 신경을 써야 하는 것인가? 우리가 그렇게 평판하는 사람보다 더 존중해야 할 합리적인 사람들은 이 일이 당연히 그렇게 되어야 하듯 진행되었다고 생각할 것이네.

크리톤 그렇지만 소크라테스, 많은 사람의 평판에 대해서도 관심을 가지지 않을 수 없지 않은가? 지금 자네가 당면하고 있는 바로 이 상황만 해도 그렇지 않은가? 많은 사람들이 한 사람을 비방할 경우,

그들이 한 사람에게 엄청나게 큰 해악을 끼칠 수 있다는 것을 지금 명백하게 보여 주고 있지 않은가?

소크라테스 크리톤, 많은 사람이 가장 나쁜 짓을 할 수 있다면 가장 좋은 일도 할 수 있겠지. 그러나 사실, 그들은 그 어느 쪽도 할 수가 없네. 그들은 남들을 지혜롭게 만들 수도 없고 어리석게 만들 수도 없으니, 그들은 그때그때 그냥 그렇게 하는 것일 뿐이네.

크리톤 그건 그렇다고 치세. 하지만 소크라테스, 말해 주게. 자네는 나와 가까운 다른 친구들을 걱정하고 있는 게 아닌가? 만약 자네가 감옥에서 탈출하게 되면 쓸데없이 공소 제기를 일삼는 자들이 우리가 자네를 여기에서 몰래 빼돌렸다는 이유로 우리를 괴롭힐까 봐서 그러나? 우리가 전 재산이나 엄청나게 큰돈을 날리게 될까 봐서 그러나? 아니면 다른 어떤 일을 당하지 않을까 해서 걱정하는 것인가? 혹시 자네가 이런 것을 두려워한다면 전혀 개의치 말게나. 우리로서는 자네를 구하기 위해 이런 모험을 감행하는 것을 옳다고 생각하니까. 아니, 우리는 만약 필요하다면 이보다 더한 모험도 능히 감행할 수 있네. 그러니 제발 거절하지 말고 내 말을 따르게.

소크라테스는 지난 밤 자신이 꾼 꿈을 근거로 델로스에서 출발하는 배는 오늘 오지 않을 것이며 따라서 내일은 사형 집행일이 아니라고 말한다. 꿈속에 나타난 여인이 말한 '프티아'는 아킬레우스의 고향을 말하는데, 그곳은 테살리아 지방에 있다. 아킬레우스는 아가멤논이 준 많은 선물도 모두 물리치고 고향인 프티아로 가겠다고 말했다. 아침에 배가 출항하면 순풍을 만날 경우 셋째 날에 고향에 이를 것이라고 하면서. 그러니까 프티아에 이른다는 것은 세 번째 날에 고향으로 돌아간다는 의미이다. 따라서 소크라테스가 꾼 꿈은 소크라테스가 셋째 날에 그의 혼이 원래 있던 고향으로 돌아간다는 뜻으로, 사형 집행일이 모레라는 근거이다.

크리톤은 소크라테스의 재판 이후, 곧 다가올 친구의 사형 집행으로 인해 무척이나 고통스러운 나날을 보냈다. 하지만 당사자인 소크라테스는 너무나도 평온한 모습으로 남의 일 대하듯 자신의 죽음을 담담하게 받아들이려고 한다. 크리톤은 이미 탈옥을 도와줄 교도관을 포섭했고 소크라테스가 다른 나라로 도망갈 때 타고 갈 배까지도 마련해 놓았다. 그리고 소크라테스가 탈출을 원한다면 그 나라에 살고 있는 자신의 친구들의 도움을 받을 수 있도록 만반의 준비를 갖추었다. 그래서 소크라테스에게 다른 나라로 도망갈 것을 여러 차례 설득한다. 하지만 크리톤의 갖은 설득에도 불구하고 소크라테스는 탈옥 제안을 거절한다.

3 다른 나라로 가는 것을 두려워하지 말게

소크라테스 크리톤, 물론 그것도 걱정되지만 다른 것도 신경이 많이 쓰이네.

크리톤 그것을 더 이상 두려워하지 말게. 이곳에서 자네를 데리고 나가는 데 드는 돈은 얼마 되지 않네. 내 돈은 얼마든지 써도 되니 걱정하지 말게. 혹시라도 자네가 내 돈을 쓰는 것이 조금이나마 염려스러워 거절하는 것이라면, 이곳에 와 있는 다른 나라 사람들이 자네를 위해 돈을 쓸 준비가 되어 있다는 것을 꼭 기억해 주게. 뿐만 아니라 어떤 사람은 자네에게 돈을 쓰기 위해 충분히 많은 돈을 가지고 이곳에 왔네. 그는 테베 사람으로 시미아스라네. 그 밖에 케베스, 그리고 다른 많은 사람들도 준비하고 있네. 그러니 이런 것이 두려워서 자네 스스로 구하는 것을 주저하지는 말게.

그리고 자네가 법정에서 말한 것에 대해서도 신경을 쓰지 말게. 나라 밖으로 나가서 스스로 어떻게 처신해야 할지 모르겠다고 한 것 말이네. 왜냐하면 자네가 어딜 가든지 자네를 반길 것이네. 만일 자네가 테살리아로 가기를 원한다면 그곳에는 자네를 훌륭하게 모시면서 자네의 안전을 확실히 보장해 줄 내 친구들이 있네. 그러니 테살리아 사람들 중 어느 누구도 자네를 괴롭히지 못할 것이네. 더 나아가 소크라테스, 자네가 탈옥을 거부하는 것은 자신을 구할 수 있으면서도 이를 포기하는 것이네. 그것은 오히려 자네의 적이나 자네를 파멸시키고 싶어 하는 자들, 자네를 제거하지 못해 안달이 났던 사람들이 원하는 바로 그런 일이기도 하네. 그런 일을 자네 자신이 스스로 서두르고 있다는 것은 옳지 못하네.

크리톤은 소크라테스가 자신의 목숨을 구하는 대가로 친구가 큰돈을 쓰게 되는 것을 염려할까 봐서 다시 한 번 그런 염려 따위는 하지 말라고 당부한다. 소크라테스의 탈옥을 돕는 데 드는 돈은 얼마 되지 않으니 걱정하지 말라는 말을 하면서. 자신 외에도 외국인 친구들인 시미아스, 케베스 등이 흔쾌히 소크라테스를 위해 돈을 준비하고 있다는 것을 전한다.

《변론》을 보면 소크라테스의 재판에서 멜레토스는 사형을 제안한다. 그러자 소크라테스는 자신이 어떤 형을 받아야 적절한지에 대한 내용을 하나씩 거론하다가 결국 벌금형을 제안한다. 소크라테스는 이미 법정에서 추방형을 택하지 않겠다는 주장을 강력하게 펼친바가 있었다. 크리톤은 소크라테스가 재판에서 이렇게 한 말에 대해 신경 쓰지 말라는 것이다. 사실 배심원들은 소크라테스가 추방형을 택하기를 바랐을 것이다. 일흔의 나이를 먹은 노인을 정치적인 이유로 처형했다는 말을 듣는 것은 그들에게도 큰 부담이었을 테니까.

　그런 사정을 알고 있던 크리톤은 소크라테스가 가고자 하는 나라의 이름만 대면 자신이 다 알아서 그가 존경받으면서 그곳에서 여생을 마칠 수 있도록 모든 준비를 할 것이라고 설득한다. 그리고 실제로 그런 만반의 준비를 갖추었다면서 크리톤은 테살리아 지방을 거론한다. 테살리아는 소크라테스 말년에 주로 대화를 나누었던 것으로 전해지는 메논의 고향이었다. 메논은 당시 열아홉 살의 청년으로 노예를 여럿 거느리고 아테네에 들어와 소크라테스 재판이 일어나기 전 그와 대화를 나눈 상대자였다. 따라서 메논의 고향인 테살리아에 가서 소크라테스가 원하는 일, 즉 철학하는 일, 사색하는 일을 하면서 살 수 있도록, 그 어떤 사람도 소크라테스를 괴롭힐 수 없도록 조치를 취하겠다고 크리톤은 설득한다.

4 아이들의 양육과 교육을 위해서라도 국외로 탈출하게나

크리톤 게다가 자네가 탈옥을 거부하고 이대로 사형을 순순히 받아들이는 것은 자네의 아들들마저 포기해 버리는 것이 아닌가? 자네는 아들들을 양육하고 교육시킬 수 있으면서도 그것을 포기하고 그들을 남긴 채 죽으려 하는 것이네. 자네가 그들이 어떤 운명과 마주할지라도 스스로 알아서 살아야 한다고 말할 수 있는가? 그들은 분명 고아 신세가 될 걸세. 처음부터 아예 자식을 낳지 말던가, 일단 낳았으면 그들과 고난을 함께 견디어 내며 그들을 키우고 교육시켜야 하는 책임을 져야 하지 않겠나? 자네가 탈옥을 거부하는 것은 매우 안이한 길을 택하는 것이네. 자네는 전 생애를 통해 훌륭한 것에 대해 마음을 써 왔다고 스스로 주장하기 때문에, 훌륭하고 용감한 사람이 택할 것 같은 바로 그런 선택을 해야 하지 않겠나? 어쨌든 나는 자네와 우리를 위해 부끄러운 일이 일어나지 않았으면 하네.

크리톤은 이번에는 소크라테스의 아들들을 거론하면서 아버지로서 져야 할 부양의 책임을 언급하고 도망칠 것을 권유한다. 소크라테스는 세 명의 아들을 두었다. 장남은 외할아버지의 이름을 딴 람프로클로스, 둘째는 할아버지 이름을 딴 소프로니스코스, 셋째는 메넥세소스다. 그중 장남은 청년이지만 나머지 둘은 아직 부모의 보호와 양육을 필요로 하는 아이들이다. 크리톤은 소크라테스가 스스로 평생 훌륭함에 대해 마음을 쓰고 살아왔다는 것을 재차 강조하면서 이러한 상황에서도 훌륭한 선택을 해야 되지 않겠느냐고, 즉 탈옥을 수락함으로써 부모로서의 책임을 완수하는 길을 택해야 하지 않겠느냐고 그를 설득한다. 아마도 소크라테스를 어릴 때부터 보아 온 친구로서 크리톤은 그가 탈옥을 해서는 안 된다는 신념을 쉽게 접을 사람이 아니라고 판단했을 것이다. 그래서 자식들에 대한 부모의 도리와 책임을 강조하여 탈옥을 해야 한다고 설득하고 있다.

5 친구들의 소극적인 대처로
자네를 구해 내지 못해 안타까웠네

크리톤 혹시 사람들은 자네와 관련된 이 모든 일들이 우리 친구들이 소심해서 생긴 일이라 여기지 않을까 염려되네. 그러니까 소송만 생각해 봐도 법정으로까지 가지 않을 수도 있었는데 말이네. 그런데 법정으로까지 끌고 들어갔고 재판이 열렸을 때의 법정 싸움 자체도 그러했네. 마지막으로 자네를 탈출시키려는 이 일에 대해 남들이 입방아에 올리며 우리 친구들을 조롱할까 봐서 더욱 그러네. 우리가 못나고 소심해서 자네를 구할 기회를 여러 번 놓친 것으로 여길 것 같아서 말이네. 우리가 조금이라도 쓸모가 있었다면 충분히 할 수 있는 일이었는데, 우리가 자네를 구하지 않고 자네 또한 자신을 구하지 않은 것으로 여길 것 같아서 그러하네.

그러니 소크라테스, 이 일이 자네와 우리에게 고통스럽고 수치스러운 일이 되지 않도록 잘 생각해 보게나. 이제 더 생각할 시간이 없네. 이미 결정을 했어야 할 시간이네. 한 가지 결정 말이네. 다가오는 밤에 이 모든 것이 행동으로 옮겨져야만 하네. 더 이상 지연된다면 다시 어찌할 도리가 없네. 소크라테스, 어떻게든 내 말대로 하세. 결코 거절하지 말게.

크리톤은 소크라테스의 기소부터 재판의 전 과정에 걸쳐 사람들에게 자신과 친구들이 남들의 입방아에 오를 것이 염려스럽다고 말한다. 하지만 이런 말을 한 것은 단순히 이를 염려해서가 아니다. 소크라테스를 탈옥시키려고 드는 하나의 이유일 뿐이다. 절친인 크리톤이 세상의 비난이 두려워 소크라테스에게 탈옥을 권하지는 않았을 테니 말이다. 사실은 크리톤이나 친구들은 소크라테스의 죽음을 염려하고 있었다. 그래서 핑계를 대면서 탈출할 것을 강력하게 제안하는 것이다.

크리톤은 애초에 대응을 잘했으면 법정으로까지 가지 않을 수도 있었다고 말한다. 왜냐하면 예비 심문 단계에서 소크라테스가 다른 나라로 가겠다는 제안을 했다면 아마도 아니토스 측에서 소송을 취하했을 것이기 때문이다. 그들이 원하는 것은 더 이상 소크라테스가 젊은이들을 몰고 다니면서 아테네 민주정 체제나 그 밖에 민주파 정치인들의 입장에 반대되는 말을 하지 않는 것이다. 그를 사형에 처해 영구히 아테네 땅에서 제거하는 게 목적은 아니었으니까. 그런데 크리톤은 친구인 자신이 소크라테스에게 당시 강하게 권유하지 못해 이런 결과가 초래되었음을 한탄하고 있다. 또한 크리톤은 법정에서도 소크라테스가 배심원들에게 도발적으로 말하기보다는 선처를 구하는 발언을 했어야 했는데, 그렇게 행동하지 않아 미움을 사서 사형 선고를 받게 된 것이라 여기고 아쉬워하고 있다.

　이 모든 과정에서 친구들의 소심함과 소극적인 대처가 소크라테스를 살릴 수 있는 기회를 놓친 것이라 여겨 안타까워하면서, 크리톤은 소크라테스에게 친구들 모두에게 친구의 사형을 기다려야 하는 고통과 친구를 구하지 못했다는 수치스러움과 죄책감을 느끼는 일이 또다시 반복되지 않도록 탈옥이라는 현명한 선택을 하라고 간절히 말한 것이다. 이제 날이 지나면 소크라테스의 사형이 예정되어 있기 때문에 지체할 시간도 없다. 소크라테스로 하여금 마음의 결정을 서두를 것을 바라면서 크리톤은 자신의 제안을 절대 거절하지 말 것을 당부한다.

II

크리톤의 탈옥 권유에 대한
소크라테스의 답변

탈옥을 권유하는 친구 크리톤의 간청에 대해 소크라테스는 죽음이 경각에 달린 상황에서도 어떤 행동을 하는 것이 옳은지 하나씩 살펴보자고 말한다. 소크라테스는 눈앞에 닥친 죽음이 두려워서 그 스스로 평생 지니고 살았던 삶의 원칙을 내팽개치는 것은 옳지 않다고 말한다. 또한 많은 사람의 의견에 따라 사는 것이 옳은지의 여부에 대해 살펴보자고 말하면서 다수의 견해보다 전문가 한 사람의 의견이 더욱 중요하고 그의 견해에 따라 살아야 한다고 주장한다. 그리고 소크라테스는 사람이 가장 중요하게 여겨야 하는 것은 그저 사는 것이 아니라 '도덕적으로 훌륭하게 사는 것'이라고 주장한다. 국가가 그에게 불의한 판결을 내렸다고 해서 국가에 해를 끼치는 방식으로 이를 되갚는 것은 올바르지 못하다고 주장하면서, 아테네를 떠나지 않는 한 아테네 법에 따르기로 합의한 것이기 때문에 사형을 받아들여야만 한다고 담담하게 말한다.

1 죽음이 두려워 평생 지녔던 삶의 원칙을 내팽개쳐서는 안 되네

소크라테스 이보게, 크리톤, 자네의 열정이 정당하다면 그야말로 큰 가치가 있을 것이네. 그러나 만약 그렇지 못하다면 열정이 많을수록 그것은 그만큼 더 곤란한 것이네. 그러니 우리가 그것을 실행에 옮겨야 할지의 여부에 대해 검토해 보아야 하네. 이것은 내가 지금 이렇게 판단해서가 아니라, 나라는 사람이 그전부터 항상 추론해 보고 나서 가장 좋은 것으로 판단하는 원칙 이외에 그 어떤 것에도 따르지 않으며 살아왔기 때문이네. 전에 내가 가지고 있던 신념을 이제 죽을 운명이 닥쳤다고 해서 어떻게 내팽개칠 수 있겠는가? 따라서, 내 삶의 원칙을 전에도 지켰던 것처럼 나는 지금도 받들며 존중할 것이네. 나로서는 우리가 이것보다 더 나은 것을 말할 수 없다면 내가 자네 말에 동조하지 않을 것이라는 걸 잘 알아 두게나. 설령, 마치 어린아이를 다루듯 많은 사람이 지금보다 우리를 더 위협한다 해도, 투옥과 죽음 그리고 재산 몰수의 압력을 가하면서 그렇게 한다고 해도, 난 결코 그렇게 하지 않을 걸세.

누구에게든 열정이 있고 그것이 정당하다면 그 자체로 커다란 가치가 있다. 소크라테스도 이에 동의한다. 하지만 만약 그 열정이 정당하지 않다면, 어떻게 될까? 그것은 현재를 곤란한 상황으로 몰거나 나쁜 상황을 초래할 수도 있을 것이다. 공적 영역에 대한 시민들의 참여는 바람직하지만 그것이 대다수 시민들의 견해를 올바르게 대변하지 못하고 오히려 이를 왜곡할 가능성이 크다면, 시민의 적극적 참여는 열정이 강한 만큼 도리어 국가에는 해롭다.

이와 마찬가지로 크리톤이 탈옥에 대해 열정이 강하더라도 탈옥을 감행해야 할지 말지에 대해 진지하게 검토해야만 한다고 소크라테스는 힘주어 말한다. 왜냐하면 소크라테스 자신은 언제나 먼저 옳고 그름을 추론해 보고 나서 가장 좋은 것을 원칙으로 삼아 행동하고 그것이 아닌 그 어떤 것에도 좌우되지 않는 사람이기 때문이다. 따라서 그는 목숨이 경각에 달렸다 할지라도 이 원칙을 내동댕이쳐 버릴 수는 없다고 말한다. 자신의 원칙보다 크리톤이 제안한 원칙이 더 좋은 것이 아니라면 그의 제안을 결코 받아들일 수 없다고, 즉 탈옥을 받아들일 수 없다고 단호하게 말한다.

2 많은 사람의 의견에 따라 사는 것이 옳은지 살펴보세

소크라테스 그러니 이 문제를 우리가 어떻게 검토해 보는 것이 가장 적절하겠는가? 우선 자네가 평판과 관련해서 주장하는 내용을 다시 거론해 볼까? 평판 중에서 어떤 것은 우리가 유념해야겠지만 어떤 것은 그럴 필요가 없다고 말한 것이 잘한 것인가 아니면 잘못한 것인가? 내가 사형 선고를 받기 전에는 올바르게 말한 것이지만, 지금은 우리가 그것을 다만 쓸데없이 입으로만 주장하는 말장난에 불과한 것인가?

하지만 크리톤, 적어도 나는 자네와 함께 이것을 검토해 보고 싶네. 그 주장이 내가 사형을 앞두고 있는 처지에 있기 때문에 다른 것으로 보이는지 아니면 똑같은 것으로 보이는지를 말이네. 그래서 그것을 따를 것인지 아니면 따르지 않을 것인지를 말이네. 내가 생각하기에 스스로 지각 있는 말을 한다고 생각하는 사람들은 방금 내가 말했듯이 그때마다 이런 식으로 말했던 것 같네. 즉 사람들이 갖고 있는 의견들 가운데서도 어떤 것은 중히 여겨야 하지만, 다른 어떤 것은 그럴 필요가 없다고 말일세.

크리톤, 자네는 이것이 옳은 말이라고 생각하지 않는가? 왜냐하면 자네는 내일 죽을 운명이 아니기 때문에, 현재의 상황으로 인해 자네가 잘못 판단하지는 않을 것이기 때문이네. 그러니 생각해 보게나. 사람들이 가진 모든 의견을 존중해야만 하는 것이 아니라 어떤 것은 그래야 하겠지만 어떤 것은 그럴 필요가 없네. 또한 모든 사람의 의견을 존중해야만 하는 것이 아니라 어떤 사람들의 것은 그래야 하겠지만 어떤 사람들의 것은 그럴 필요가 없다는 데 대해 내가 자네에게 충분히 말한 게 아니겠나? 말해 보게. 이것은 내가 올바르게 말한 것이 아닌가?

크리톤 그러네. 옳게 말한 것이네.

소크라테스 그렇다면 건전한 의견은 존중해야 하지만 그렇지 않은 것은 무시해도 되는 것인가?

크리톤 그렇지.

소크라테스 그런데 건전한 의견은 분별 있는 사람들의 것이지만 나쁜 의견은 어리석은 사람들의 의견이 맞는가?

크리톤 물론 그렇지.

소크라테스는 죽음에 임박한 상황에서 탈옥을 권유하는 친구에게 탈옥이 옳은지 그른지를 토론해 보자고 제안한다. 말하자면 크리톤이 주장하는 탈옥이 과연 옳은지 그른지에 대해 함께 살펴보자는 것이다.

그런데 소크라테스가 말하고자 하는 것은 크리톤의 탈옥 제안이 건전한 의견이 아니라는 것이다. 그리고 소크라테스가 탈옥을 해야 한다는 것이 소크라테스의 친구들과 그를 염려하는 여러 사람의 견해이기는 하지만 그것은 단지 많은 사람들의 견해이기 때문에 그가 유념해야 할 내용은 더욱 아니라는 것이다. 왜냐하면 많은 사람들이 찬성한다고 해서 그것이 반드시 옳음을 보장한다고 말할 수 없기 때문이다. 따라서 그는 그의 소신과 철학에 따라 크리톤의 제안이 자신이 유념해야 하는 의견은 아니므로 그것을 거부하겠다고 주장하는 것이다.

3 다수의 견해보다 전문가 한 사람의 의견이 더욱 중요하네

소크라테스 자 그러면, 이런 문제에 대해서는 뭐라 말할 수 있을까? 운동하는 것을 직업으로 삼는 사람이 모든 사람들이 하는 칭찬과 질책에 유념해야 하는가, 아니면 의사나 체육 전문가인 한 사람의 의견에 유념해야 하는가?

크리톤 모든 사람의 견해가 아니라 한 사람만의 견해를 들어야겠지.

소크라테스 그렇다면 그 한 사람의 질책은 두려워하고 칭찬은 반기되, 다른 모든 사람의 그것들에 대해서는 그러지 말아야 하는 것인가?

크리톤 그야 당연하지.

소크라테스 그러니까 감독자이며 전문가인 그 한 사람이 좋다고 생각하는 그 방식대로 행동하고 운동해야 하며 먹고 마셔야만 하는 것이네. 다른 모든 사람이 좋다고 생각하는 방식보다는.

크리톤 물론이지.

소크라테스 그럼 됐네. 하지만 그가 이 한 사람의 의견을 따르지 않고 칭찬은 무시하면서도 전문 지식이 전혀 없는 사람들의 칭찬만을 존중한다면 그에게 나쁜 일이 일어날까?

크리톤 그야, 당연히 일어나겠지.

소크라테스 그러면 그 나쁜 일은 무엇이며, 그것은 그 사람의 어디에 영향을 미치겠는가?

크리톤 그야 신체에 영향을 주는 것이 명백하네. 몸을 망가뜨릴 테니까.

소크라테스 옳은 말이네. 크리톤, 다른 경우에도 동일하지 않겠나? 일일이 모든 걸 다 말할 수 없지만, 특히 올바른 것과 올바르지 못한 것, 추한 것과 아름다운 것, 그리고 좋은 것과 나쁜 것과 관련해서 즉, 지금 우리에게 심사숙고의 대상이 되는 이것들과 관련해서 우리가 많은 사람의 의견에 따르고 또 이를 두려워할 것인지 아니면 이런 것에 대한 전문가가 혹 있다면, 이 한 사람의 의견에 따르고 이것을 두려워해야 할 것인지를 말이네. 다른 모든 사람에 대해서보다도 오히려 이 한 사람에 대해서 더 부끄러워하고 두려워해야만 하네. 만약에 우리가 그를 따르지 않게 되면 우리의 정신이 옳음에 의해 고양되고 옳지 않음에 의해 파멸한다는 것을 간과하는 것이 아닌가? 이것이 단지 쓸데없는 소리인가?

크리톤 그렇지 않네. 소크라테스.

소크라테스 자, 이제 그러면, 건강에 좋은 것에 의해서 우리는 더 좋아지지만 건강을 해칠 소지가 있는 것에 의해서 우리는 망가지게 되지 우리가 전문가들의 의견에 불복함으로써 완전히 몸을 망가뜨리게 될 경우, 몸이 망가졌는데도 우리가 살 가치가 있을까? 그런데 이것은 몸이네. 그렇지 아니한가?

크리톤 그러하네.

소크라테스 그렇다면 비참한 상태로 망가진 몸을 갖고서도 우리가 살 가치가 있을까?

크리톤 전혀 없네.

소크라테스 그것이 그러하네. 몸이 그렇듯이 우리의 혼이 올바르지 못하다면 우리는 해를 입을 것이네. 우리의 혼이 망가진 상태인데도 우리가 살 가치가 있을까, 아니면 우리는 우리에게 속하는 것 중 어느 부분이든 간에 올바르지 못함과 올바름이 관련되어 있는 그것, 즉 혼을 몸보다 하찮은 것이라고 생각하고 있는가?

크리톤 전혀 그렇지 않네.

소크라테스 그러면 더 귀중한 것인가?

크리톤 훨씬 더 귀중한 것이지.

소크라테스 그러면 여보게, 이처럼 우리는 많은 사람이 우리를 두고 뭐라 말하는지에 대해 전혀 유념할 필요가 없네. 올바른 것과 올바르지 못한 것에 관해 전문가인 한 사람, 그리고 진리 자체가 말하는 바에 대해서만 유념하면 된다네. 자네는 아름다운 것과 좋은 것, 또 이들과 반대되는 것들에 관한 많은 사람의 의견을 우리가 유념해야만 하는 것으로 말하고 있네. 그런데 그런 식으로 말하는 것은 옳지 못하네. 하기야 누군가는 "그렇지만 많은 사람들은 우리를 사형에 처하게 할 수도 있다."라고 말할 수 있을 테지만 말이네.

크리톤 그것 또한 아주 명백하네. 그렇게 말할 수는 있을 테니까, 소크라테스.

소크라테스는 운동하는 것을 업으로 삼는 사람들의 사례를 들면서 우리가 유념해야 할 것이 무엇인지 강한 어조로 설명한다. 그는 잘 모르는 다수의 견해가 아니라 사람의 몸을 잘 관리하는 데 전문적인 지식을 가지고 있는 의사나 체육 전문가의 말에 유념해야 하며, 그 한 사람의 칭찬은 즐겨 들어야 하지만, 그의 질책에 대해서 두려워하고 경청해야 한다고 주장한다.

그러면서 우리의 육신과 마찬가지로 정신이나 혼에 대해서도 전문가의 의견에 따르지 않을 때, 그것이 얼마나 많은 나쁜 결과를 초래하는지에 대해서도 우려하고 있다. 그것이 비록 단 한 사람의 것일지라도 전문가의 의견이 더 소중하고 유념해야 할 말이라는 것이다. 이 말의 의미는 당시 교육 수준이 낮은 아테네의 어리석은 시민들의 어정쩡한 견해나 어떤 사안에 대해 전혀 관심도 없고 관련도 없는 많은 사람들이 그저 왕왕 떠들어 대는 평판들, 이런 비전문가인 다수의 견해는 따를 만한 가치가 없다는 뜻이다. 다시 말해서 올바름이나 진리에 관해서 자신과 같은 전문가의 철학이 더 중요하다는 주장인 셈이다.

　이런 주장들은 당시의 민주주의 사회에서 대다수 시민들의 의견을 무시하고 소수의 의견을 중시하는 귀족정을 옹호하는 듯한 인상을 준다. 그리고 이런 주장 때문에 평범한 시민으로 재판정에 앉아 있는 배심원들의 분노를 샀을 것이다. 하지만 그는 단호했다. 그렇게 함으로써 설사 많은 사람들이 그를 사형에 처하겠다고 말할지라도 말이다.

4 그저 '사는 것'보다 '훌륭하게 사는 것'을 중히 여겨야 하네

소크라테스 그건 정말이네. 그렇지만 이보게. 우리가 상세히 다루었던 그 주장을 나는 최소한 여전히 같은 것으로 생각하네. 그리고 우리가 가장 중히 여겨야 할 것은 사는 것이 아니라 훌륭하게 잘 사는 것이라고 생각하네. 그것이 우리에게 여전히 타당한지 아니면 그렇지 못한지 다시 생각해 보게나.

크리톤 그것은 타당한 것이네.

소크라테스 그렇다면 '훌륭하게'는 '아름답게', 또는 '올바르게'와 동일한 의미라고 말하는 것은 타당한가?

크리톤 타당하네.

소크라테스 그렇다면 자네가 동의한 것을 근거로 이를, 즉 아테네인들이 무죄로 나를 방면해 주지 않는데도 내가 이곳에서 나가려 하는 것이 올바른지의 여부를 검토해 보겠네. 그리고 탈옥이 올바른 것으로 판단되면 나는 그리하겠네. 하지만 만약 그렇지 않다면 그것은 그만두어야 맞겠지.

크리톤, 돈을 쓰는 것이나 사람들의 평판이나 아이들의 양육과 관련해서 자네가 생각해 봐야 한다고 주장했던 모든 것들은 사실 사람을 경솔하게 사형에 처했다가도 할 수만 있다면 전혀 분별도 없이 그 사람을 되살려 놓기도 할 그런 사람들이 생각할 거리가 아니겠나?

따라서 우리는 지금 우리가 방금 말한 그 문제, 즉 훌륭하게 사는 것이 중요하다는 것 외에 다른 어떤 것도 생각해서는 안 되네. 나를 이곳에서 데리고 나갈 사람들에게 돈을 지불하고 사례를 하고 우리 스스로 이 탈출을 돕거나 도움을 받거나 한다면, 그것이 우리가 올바르게 행동하는 것이라 말할 수 있는가, 아니면 이 모든 행동을 하는 것은 올바르지 못한 짓인가? 우리는 그것을 살펴봐야 하네. 그리고 우리가 이런 행동을 하는 것이 올바르지 못한 것으로 드러난다면, 우리가 그냥 이대로 머물러 있으면서 조용히 지내다가 죽을 수밖에 없으니까, 다른 어떤 일을 당할 수밖에 없으니까 그런 행동을 한다고 말해서는 안 되네. 왜냐하면 우리는 올바르지 못한 짓을 저지르는 것에 앞서 그것을 먼저 고려해서는 안 되기 때문이네.

크리톤 소크라테스, 나는 자네가 훌륭한 말을 한다고 생각하네. 하지만 우리가 지금 뭘 해야 할 것인지 생각해 보게.

소크라테스 함께 생각해 보세나. 그리고 내가 말하는 동안, 혹시 자네가 반박할 수 있을 경우에는 반박해도 좋네. 그러면 내가 자네 말에 따르겠네. 하지만 만약 그렇게 할 수 없다면, 크리톤 이보게, 내가 아테네인들의 뜻에 반해 감옥에서 탈옥해야 한다는 그 똑같은 주장을 여러 번이나 되풀이해서 나에게 말하는 것을 이제는 그만두게나. 나는 탈옥을 거부하는 것에 대해 자네를 설득하는 것이 중요하다고 생각하네. 자네의 뜻을 거스르면서 그렇게 하려는 것은 아니기 때문이네. 그러면 우리가 검토한 것이 자네에게 충분히 설명이 된 것인지 생각해 보고서 나의 질문에 적절하게 답을 해 주게.

크리톤 그러세. 그리하겠네.

소크라테스는 사람이 가장 중요하게 여겨야 하는 것은 '사는 것이 아니라 훌륭하게 잘 사는 것'이라고 주장한다. 그에 따르면, 여기에서 '훌륭하게'는 '아름답게', '올바르게'와 같은 의미다.

소크라테스는 이런 삶의 원칙에 근거하여 크리톤의 탈옥 제안이 옳은 것인지를 하나하나 따져 보면서 그것은 결코 옳은 일이 아니기 때문에 자신은 결코 크리톤의 제안을 감행할 수 없다고 잘라 말한다. 그는 재판에서 사형을 선고받았다. 친구들은 그를 위해 돈을 준비하고 자녀에 대한 부모의 책임과 도리를 강조하면서 탈옥을 종용한다. 하지만 이 모든 것이 소크라테스에게는 분별없이 이랬다저랬다 하는 어리석은 시민 대중들의 행동과 다름없는 것이다. 탈옥을 위해 교도관들에게 뇌물을 주는 것, 국가의 결정을 피해 국가를 버리고 달아나는 것이 과연 옳은 일이지를 계속해서 묻는다. 그의 일관된 주장은 옳지 않은 일을 당해 설사 자신이 피해자가 될지라도 옳지 않은 방법으로 그것을 갚지 말라는 것이다.

여기서 중요한 것은 소크라테스는 자신의 주장만을 일방적으로 펼치는 것이 아니라 크리톤에게 반박의 여지를 주고 있다는 점이다. 평생 그가 강조한 대화, 토론의 중요성을 목숨이 경각에 달려 있는 이 위급한 순간에서도 강조하고 있다. 소크라테스는 탈옥을 종용하는 크리톤에게 왜 자신이 탈옥을 하지 않으려 하는지를 납득할 수 있게 설득하는 것이 중요하다고 생각한 것이다.

5 고의로 올바르지 않은 짓을 해서는 결코 안 되네

소크라테스 우리는 어떤 식으로든 고의로 올바르지 못한 짓을 해서는 안 된다고 말해야 하는가, 아니면 어떤 식으로는 올바르지 못한 짓을 하되 어떤 식으로는 해서는 안 된다고 말해야 하는가? 혹은 전에 우리가 여러 번이나 합의를 보았듯, 어쨌든 올바르지 못한 짓을 한다는 것은 어떤 경우에도 좋지도 않고 훌륭하지도 못한 것인가? 또는 우리가 이전에 서로 한 모든 합의를 요 며칠 사이에 잊고서는 이 나이가 된 사람들이 아까부터 서로들 열을 올려 이야기하느라고 우리 자신이 아이들과 조금도 다를 것이 없게 되어 버린 것인가? 아니면 우리에게 무엇보다도 오랫동안 주장되어 온 원칙은 그대로 옳은 것인가? 많은 사람이 동의하건 동의하지 않건 간에, 지금보다도 훨씬 더 어려운 일이나 더 가벼운 일을 우리가 겪지 않으면 안될 상황일지라도 역시 올바르지 못한 짓을 하는 것은 그 행위를 하는 자에게 모든 측면에서 나쁘고 부끄러운 것이 맞는가? 우리는 그렇다고 말해야 하는가, 아니면 그렇지 않다고 말해야 하는가?

크리톤 그렇다고 해야겠네.

소크라테스 그렇다면 어떤 경우에도 올바르지 못한 짓을 해서는 안 되네.

크리톤 물론, 안 되지.

소크라테스 많은 사람들이 당연하다고 생각하지만, 올바르지 못한 일을 당했다고 해서 그것을 올바르지 못한 방법으로 되갚는 것은 옳지 않네. 왜냐하면 우리는 어떤 경우에도 올바르지 못한 짓을 해서는 안 되기 때문이네.

크리톤 맞네. 그리하면 안 될 것 같네.

소크라테스 그러면 다음은 어떠한가? 크리톤, 남에게 해를 끼쳐도 될까, 그리하면 안 되는 것인가?

크리톤 물론, 안 되네, 소크라테스.

소크라테스 이 문제는 어떤가? 해를 입었다고 해서 앙갚음으로 되갚는 것은 많은 사람들이 당연하게 생각하지만, 그것은 올바른 것인가 아니면 올바르지 못한 것인가?

크리톤 전혀 올바른 것이 아니네.

소크라테스 사람들을 해치는 것은 어쩌면 올바르지 못한 짓을 하는 것과 전혀 다를 것이 없기 때문이네.

크리톤 정말 그러하네.

소크라테스 따라서 사람들한테 해를 입었다 해도 올바르지 못한 방법으로 그것을 앙갚음하는 것은 그 누가 할지라도 옳지 않네. 그러면 자네가 이에 대해 동의함으로써 자네의 의견과는 어긋나게 행동하는 일은 없도록 조심하게나. 이는 소수의 사람들이나 그렇게 여기고 있고 또 여길 것이라는 사실을 내가 알고 있기 때문이네. 그러니 어떤 사람들은 이렇게 여기고 있으나 다른 어떤 사람들은 이렇게 여기지 않을 경우, 이들이 함께 의견을 모아 결정하는 것은 없네. 피차 상대방의 결정에 대해 경멸하기 마련이지.

그러면 자네도 충분히 잘 생각해 보게나. 먼저 상대에게 올바르지 못한 짓을 하는 것, 이에 대한 앙갚음으로 올바르지 못한 짓을 하는 것, 그리고 해를 입었다고 해서 해를 다시 입힘으로써 그에게 앙갚음으로 방어하는 것도 결코 옳지 못하다는 것에 대해 자네와 내가 같은 생각을 하고 있는가? 그래서 여기에서부터 우리가 논의를 시작할 것인지 아니면 자네는 여기에서 한발 물러서서 시작을 함께하지 않을 것인지를 말해 주게. 나는 오랫동안 그렇게 생각해 왔지만 지금도 여전히 그렇게 생각하기 때문에 만약 자네가 어떤 식으로든 나와 달리 생각한다면 내게 말해 주게나. 그러나 만약 앞서 말했던 것에 대해 자네가 나와 의견을 같이한다면 다음 내용을 내가 말하겠네.

크리톤 나야 물론 자네와 같은 생각이지. 그러니 말을 하게.

그리스의 전통에서는 잘못된 행위를 보복하기 위해 일으키는 전쟁은 정당한 것이었다. 조국이나 자신에게 상처를 입힌 자에게 보복하지 못하는 것이 오히려 불명예였다. 그리스인들은 친구에게 커다란 호의를 베풀고 적에게 커다란 피해를 입힌 사람들에게 최고의 찬사를 보냈다. 그리고 그들은 기도했다. 사랑하는 친구들의 은혜를 갚게 해 주고 적들을 이기게 해 달라고. 그래서 사람들은 상대에게 피해를 입히는 일에서 적을 이기지 못하고, 호의를 베푸는 일에서 친구를 이기지 못하는 것은 똑같이 수치스러운 일이라고 여겼다. 아리스토텔레스도 부당한 일을 당했을 때 적에게 보복하는 것은 적과 화해하는 것보다 더 고결하다고 말했다.

하지만 소크라테스는 그렇지 않았다. 그에게 덕은 불의를 저지르지 않는 것이었다. 그래서 불의를 당했다고 해서 그 앙갚음으로 불의를 저질러서는 안 된다고 주장했다. 소크라테스는 어떤 식으로든 고의로 남에게 올바르지 못한 짓을 해서는 안 된다고 강조한다. 더 나아가 우리가 남에게 옳지 않은 방법으로 해를 입었다 할지라도 그것을 동일하게 옳지 않은 방법으로 되갚아서는 안 된다는 것이 그의 일관된 주장이다. 설사 자신이 옳지 않은 방법으로 해를 입는다 해도, 그것이 오히려 남에게 해를 끼치는 것보다 더 좋은 선택이라고 그는 말한다.

분명 그는 아테네 법정에서 억울한 죄명으로 사형을 선고받았으니 사람들에게 해악을 입었다. 하지만 그는 친구가 간곡하게 부탁하는 제안, 즉 탈옥을 거부하고 있다. 왜냐하면 탈옥은 옳지 않은 방법으로 해악을 되갚는 행위이기 때문이다. 즉 불의를 저지르는 것은, 불의를 당하는 것보다 더욱 수치스럽고 더욱 악한 것이니 불의를 행하기보다 오히려 불의를 감수하는 방법을 택하고 있다.

6 합의한 것이 옳은 것이라면 우리는 이행해야 하네

소크라테스 그러면 이번에는 그다음 것을 말하겠네. 아니 그보다도 자네에게 물어보겠네. 어떤 사람이 누군가와 합의했을 때, 그 내용이 옳을 경우, 그는 이것을 이행해야만 하는가 아니면 그것을 무시해도 좋은가?

크리톤 이행해야만 하네.

소크라테스 그러면 이를 미루어 생각해 보세. 우리가 나라를 상대로 설득도 하지 않고서 이곳에서 도망갈 경우, 우리는 조금도 해쳐서는 안 되는 어떤 사람들을 해치게 되는 것인가 그렇지 않은가? 그리고 우리가 합의한 바 있는 그 올바른 원칙을 지키는 것인가 아니면 지키지 않는 것인가?

크리톤 소크라테스, 자네가 묻는 것에 대해 나는 대답을 할 수가 없네. 왜냐하면 나는 그것을 이해할 수 없기 때문이네.

소크라테스는 크리톤에게 당사자 간에 합의한 것이 올바른 내용인 경우 이를 이행하는 것이 마땅하지 않냐고 묻는다. 그러니 나라가 정한 법을 어기고 탈옥을 하여 다른 나라로 도망갈 경우, 그에 합당한 이유가 있어야만 한다는 것, 자신의 행위를 정당화하기 위해서는 결국 나라 전체를 설득해야 한다는 것이다. 나라를 설득하지도 않고 다른 나라로 도망을 가는 것은 서로가 합의한 원칙을 어기는 것이며 이는 결코 옳지 않은 행위라는 것이다. 이렇게 소크라테스는 조목조목 자신의 주장에 대한 논거를 제시하면서 크리톤을 설득하고 있다.

III

의인화된, 법률 및
시민 공동체와 나눈 대화

소크라테스는 자신이 받은 사형이 부당하다고 판단한다. 하지만 그는 아테네를 위해 기꺼이 자신의 목숨을 포기하고 크리톤의 탈옥 제안을 거절한다. 그는 크리톤을 설득하기 위해 법률과 시민 공동체를 의인화해서 제3자로 상정한다. 그리고 그들이 탈옥을 준비하는 자신에게 질문을 한다고 가정하고 그 질문에 과연 어떤 답을 할 수 있을지를 크리톤에게 하나하나 들려준다. 그러면서 재판의 결과에 불복하는 것은 옳지 않다는 것, 암묵적 동의에 의해 아테네에 살 것을 맹세했다면 조국의 법에 따라 사형을 받아들여야 한다는 것, 다른 지역으로 도망쳐서 사는 삶은 결국 모두에게 해악이 된다는 것을 설득시킨다. 마지막으로 목숨보다 더 중요한 것은, 어떤 경우에도 올바르게 사는 것을 가장 중히 여기는 것이라고 강조한다. 결국 소크라테스의 탈옥을 권유하고 이를 설득하고자 한 크리톤은, 사형을 수락해야 한다는 소크라테스의 논리적인 설득에 더 이상 이의를 제기하지 못하고 고개를 떨군다.

1 재판의 결과에 불복하는 것은 옳지 않네

소크라테스 그럼 이렇게 생각해 보세. 이곳으로부터 도망칠 작정을 하고 있는 우리에게, 그것을 어떻게 부르든 간에 상관은 없네. 법률과 시민 공동체라고 해 보세. 그것이 우리에게 다가와 우리를 막고 이렇게 묻는다고 말일세. "소크라테스, 말해 보라. 너는 지금 무엇을 하려는 것인가? 이렇게 함으로써 너는 우리 법률과 온 나라를 망쳐 버리려고 하는 것인가? 혹 네가 생각하기에 나라에서 내린 판결이 아무런 효력도 발휘하지 못하고 개인들에 의해 무효가 되고 훼손되었는데도, 그런 나라가 전복되지 않고서 여전히 존속할 수 있을 것이라 생각하는가?"

크리톤, 우리는 이런 질문이나 비슷한 다른 질문에 대해 무어라 답할 것인가? 법에 의해 판결이 내려졌다면 그 효력을 발휘해야 마땅하네. 만약 법이 무너진다면, 변론가들은 엄청나게 떠들어 대겠지. 혹 우리는 그들에게 "그것은 나라가 우리한테 올바르지 못한 일을 저질렀으며 잘못된 판결을 내렸기 때문입니다."라고 말할 것인가? 이 말을 과연 할 것인가? 그렇지 않으면 어떤 말을 해야 할 것인가?

크리톤 소크라테스, 결단코 그 말을 해야만 하겠지.

소크라테스 그렇다면 만약 법률이 이렇게 말할 경우에는 어떻게 말할 것인가? "소크라테스, 배심원의 판결에 대해 이의를 제기하는 것이 우리가 합의한 내용인가? 나라가 내린 판결에 따르기로 한 것이 아니던가?" 그래서 만약 우리가 이들이 한 말에 놀라기라도 하면, 아마도 이들은 이렇게 말할 것이네. "소크라테스, 우리가 한 말에 놀라지 말고, 대답하라. 너는 질문하고 답변하는 것에 익숙하지 않은가? 그렇다면, 너는 우리와 국가가 도대체 무슨 잘못을 했기에 우리를 무너뜨리려 하는 것인가? 첫째, 너를 태어나게 한 것은 우리가 아닌가? 또한 우리를 통해 너의 어머니를 아버지가 맞이하게 되었고 그리하여 너를 낳은 것이 아니던가? 그렇다면 말해 보라. 혼인과 관련된 법률이 무엇인가 잘못되었다 하여, 그것에 대해 나무라는 것인가?"

"그것들을 나무라는 것이 아닙니다."라고 나는 말할 것이네.

"그러면 태어난 아이의 양육과 너 또한 교육받았던 그 교육과 관련된 법률에 대해 나무라는 것인가? 아니면 교육을 잘하기 위해 만들어진 법률이 너의 아버지로 하여금 너에게 시가(詩歌)와 체육을 가르치도록 한 것이 잘못된 것인가?"

"아닙니다. 잘했습니다."라고 나는 답변할 것이네.

"됐네. 그러면 먼저, 네가 태어나서 양육되고 교육도 받았는데도,

너는 우리의 자손이 아니라고, 너 자신도 너의 조상들 또한 그렇지 않다고 말할 수 있는가? 그리고 그것이 부정할 수 없는 사실이라면, 너는 네가 우리와 동일한 권리를 가지고 있다고 생각하는가? 우리가 너에게 무엇을 하려고 하면 이에 대해 너 또한 앙갚음을 하는 것이 올바르다고 생각하는가? 그러니 너에게 올바른 것이 너의 아버지에 대해 그리고 너의 주인에 대해—만약에 너에게 주인이 있었다면—동등한 것일 수는 없다. 네가 당하는 것은 앙갚음을 해도 되는 그런 것은 아니다. 나쁜 말을 들었다고 해서 앙갚음으로 나쁜 말을 해서도 안 되고, 맞았다고 해서 앙갚음으로 상대를 때려서도 안 된다. 그런데 너는 조국과 법률에 대해 이렇게 행동하는 것이 허용된다고 생각하는가? 우리가 너를 파멸시키는 것이 올바르다고 생각하여 너를 그렇게 하려 든다면, 너 또한 법률이며 조국인 우리를, 가능한 한 앙갚음으로 파멸시키려 하며, 또한 그럼으로써 올바른 짓을 하는 것이라고 네가, 진실로 사람의 훌륭한 상태에 대해 마음을 쓴다고 주장하는 네가 말하는 것인가? 지혜로운 네가 이런 것도 모를 정도란 말인가? 신을 숭배하고 이성적으로 판단하는 지각 있는 사람들에게는 어머니와 아버지, 그리고 그 밖의 다른 모든 조상보다도 조국이 더 귀중하며 더 존엄하고 더 성스럽고 더 크게 존중해야 하는 존재라는 사실을 말이다. 그리고 분노하는 조국에 대해 분노하는 아버지보다 더 두려워하며 복종하고 순종해야 한다는 것

을. 또한 조국을 설득하거나 아니면 조국이 명령하는 것들을 이행
해야만 한다는 사실을. 그리고 조국이 어떤 일을 묵묵히 처리하도
록 지시하면 그렇게 해야만 한다는 사실을. 설사 두들겨 맞거나 투
옥되더라도, 싸움터에 나아가 다치거나 죽게 되더라도, 이것을 이
행해야만 한다는 사실을. 그리고 또 올바른 것은 이런 것이라는 사
실을. 또한 적에게 굴복해서도 안 되고, 싸움터에서나 법정에서나
그 어디에서도 나라와 조국이 명하는 것은 무엇이든 이행해야 된다
는 사실을 말이다. 그렇지 않으면 올바른 것이 무엇인지 그 본성이
어떤 것인지를 나라에 납득시켜야 한다는 것을. 어머니나 아버지에
게 폭력을 쓰는 것은 불경한 짓이라는 것을. 이들보다도 조국에 대
해 폭력을 사용하면 그것은 더 불경한 짓이라는 사실을."

크리톤, 이에 대해 우리는 무엇이라 답변할 것인가? 법률이 진실을
말하고 있다고 할 것인가, 아니면 그렇지 않다고 할 것인가?

크리톤 법률이 진실을 말하고 있는 것처럼 보이네.

소크라테스 법률은 아마도 이렇게 말할 것이네.

"그러니까 소크라테스, 만약 우리가 하는 말이 진실이라면, 지금 네
가 도모하고 있는 일로 인해 너는 우리에게 올바르지 못한 짓을 하
려고 한다는 것을 명심하라. 우리는 너를 태어나게 했고 양육했으
며 교육시켰고, 가능한 한 우리가 할 수 있는 모든 훌륭한 것을 너
와 다른 모든 시민에게 나누어 주었다. 그럼에도 불구하고 우리는

아테네인들 모두에게 누구든 원하는 사람에게는 다음 내용을 확인시켰지. 성인이 되어 나라에서 행하는 일과 법률인 우리를 지켜본 다음, 우리가 자신의 마음에 들지 않을 경우, 자신의 것을 갖고 어디든 자기가 원하는 곳으로 떠나갈 수 있다는 것을 우리는 공표했다. 또한 우리와 나라가 자신의 마음에 들지 않는다면, 혹 그대들 중 누군가가 식민지 지역으로 이주하기를 원하건 다른 곳으로 가서 그곳의 거류민으로 살기를 원하건 간에, 자신의 것을 가지고 원하는 그곳으로 가는 것을 방해하거나 금지하지 않는다. 하지만 그대들 가운데 누구든 우리가 재판을 하거나 나라를 경영하는 것을 보고 그대로 머무른다면 우리는 이미 이 사람이, 우리가 시키는 것을 이행하기로 우리와 사실상 합의한 것이라 여긴다. 또한 조국에 복종하지 않는 자는 삼중으로 잘못을 저지르는 자라 여긴다. 그것은 첫째, 자신을 태어나게 한 우리에게 불복했기 때문이요, 둘째, 자신을 양육한 우리에게 불복했기 때문이다. 셋째, 우리에게 복종하기로 합의하고서 복종도 하지 않고, 그렇다고 우리가 무언가 잘못할 경우에 우리를 납득시키지도 않았기 때문이다. 우리는 우리가 시키는 것을 무조건 이행하라고 사납게 명령하는 것이 아니다. 우리를 납득시키거나 아니면 그대로 이행하거나, 둘 중에서 어느 한쪽을 택하여 행할 것을 허용하고 있는데도, 둘 중 그 어느 쪽도 이행하지 않았기 때문이다. 소크라테스, 네가 의도하고 있는 것을 네가 정녕

실행하게 되면 너는 이 비난을 고스란히 받게 될 것이다. 그것도 아테네인들 중에서 네가 가장 적게 받는 것이 아니라, 누구보다도 가장 많이 받을 것이라 생각한다."

소크라테스는 자신에게 내려진 사형이 부당하다는 것을 잘 알고 있다. 하지만 평생 살아온 조국 아테네의 결정을 존중해야 하기 때문에 그것을 거부하지 않는다. 자신이 사랑하는 국가를 위해 기꺼이 자신의 목숨을 포기한 것이다.

여기서 그는 자신의 주장을 펼치기 위해 법률과 공동체라는 제3자를 등장시킨다. 그리고 그들의 질문에 대해 명명백백하게 답을 할 수 있는지를 크리톤에게 물으면서 자신의 논지를 밝히고 있다.

소크라테스는 법률과 공동체를 마치 사람처럼 등장시켜 도망치려고 준비하는 자신에게 질문을 한다고 가정하면서 크리톤과의 대화를 이어 나간다. "왜 탈옥을 하려고 하는가? 그것이 아테네를 지켜 온 법률을 망가뜨리고 조국인 아테네 공동체에 해가 되는 일은 아닌가? 공동체와 법을 해치면 그 나라가 존속할 수 있다고 생각하는가?" 이러한 질문에 대해 무엇이라 답해야 할지 소크라테스는 묻는다. 나라가 개인에게 옳지 않은 방법으로 잘못을 저질렀기에, 즉 불의한 방법으로 사형을 선고했기에 탈옥을 선택할 수밖에 없다고 크리톤은 주장할 테지만 소크라테스에게 그 답변은 너무 궁색하다.

소크라테스에 따르면, 나라는 부모를 통해 내가 이 땅에 존재하게 했고, 나를 교육시켜 주었고, 나에게 갖가지를 베풀었는데 이제 와서 그것이 마음에 들지 않는다고 나라에 불복종하는 것은 옳지 않다. 진실로 사람의 훌륭한 상태에 대해 마음을 쓴다는 소크라테스가 법률과 나라 공동체가 자신에게 해를 입혔다고 해서 옳지 않은 방법으로 나라에 위해를 가해 파멸시키려 하는 것은 옳지 않다. 그에 따르면, 어머니와 아버지 그리고 그 밖의 다른 모든 조상보다 조국이 더 귀중하며 더 존엄하고 더 성스럽기 때문에 더 많이 존중해야 한다는 사실을 명심해야 한다. 그는 조국을 설득하거나 아니면 조국이 명하는 것들을 이행해야만 한다는 사실을 더불어 강조한다. 조국을 설득하지 못했다면 결국 그것에 따라야 한다는 것이다. 결국 크리톤도 소크라테스의 이런 논리에 승복할 수밖에 없다.

2 암묵적 동의에 의해 조국에 살 것을 맹세했다면 조국의 법에 따라야 하네

소크라테스 그래서 만약, 내가 "그것은 무엇 때문이죠?"라고 묻는다면, 아마도 그들은 아테네인들 중에서도 내가 누구보다도 그들과 합의를 하는 데 동의했기 때문이라고 말하면서 나를 나무랄 것이네. 그들은 이렇게 말하겠지.

"소크라테스여, 우리에게는 이에 대한 매우 많은 증거가 있다. 즉 네가 우리와 이 나라를 마음에 들어 했다는 증거 말이다. 만약 이 나라가 별스럽게 너의 마음에 들지 않았다면, 너는 결코 이 나라 안에 머물러 있지 않았을 것이다. 그런데도 너는 딱 한 번 이스트모스로 간 것을 제외하고는, 결코 이 나라 밖으로 나간 적이 없었다. 또 군복무로 인한 경우가 아니라면, 다른 어떤 곳으로도 간 적이 없었고 다른 사람들처럼 나라 밖 여행을 떠난 일도 없었다.

다른 나라에 대해, 또 그 나라의 법률에 대해 알고 싶어 하는 욕구가 너를 강하게 붙든 적도 없어서, 너에게는 우리와 우리나라로 충분하다고 생각했지. 그처럼 열렬하게 너는 조국을 택했고 법률에 따라 시민으로 생활할 것을 합의했다. 특히 너는 이 나라에서 자식까지 낳았는데, 그것은 이 나라가 너의 마음에 들었기 때문이다. 그러니까 이번 재판의 경우만 해도, 네가 원했다면 스스로 국외 추방을 제의할 수도 있었다. 지금 네가 나라의 뜻을 거스르며 도모하려는 바로 그 일을, 그때는 할 수 있었음에도 불구하고 하지 않았다. 너는 그때, 네가 설사 사형을 받게 되더라도 결코 화를 내지 않을 것이라고 뻐겼었다. 네가 말했듯이, 너는 국외 추방보다는 죽음을 택했다.

그런데 이제 너는 그렇게 한 말을 부끄럽게 여기지도 않고 법률인 우리를 존중하지도 않는다. 우리를 파멸시키려 하니 말이다. 시민으로 생활을 하면서 네가 지키기로 우리와 맺은 계약과 합의를 어기고 도망쳐서 너는 가장 미천한 노예나 하는 바로 그런 짓거리를 하고 있는 셈이다. 그러니 우선 맨 먼저 이것에 대해 대답하라. 네가 조국이 명하는 법률에 따라 시민 생활을 하기로 합의한 것은 실제 행동으로써 그렇게 하겠다는 것인가, 아니면 단지 말로만 그러기로 한 것인가? 그대가 말로만 그러했다고 우리가 주장한다면, 우리는 진실을 말하는 것인가 말하지 않는 것인가 대답하라."

크리톤, 우리는 이에 대해 뭐라 말할 것인가? 동의할 수밖에 없지 않은가?

크리톤 소크라테스, 그야 필연적이지.

소크라테스 그들은 또한 이렇게 말할 것이네.

"그렇다면 네가 우리 자신과 맺은 계약과 합의를 위반하는 것이다. 네가 강제로 합의한 것도 아니고 속은 것도 아니며, 짧은 기간에 결정을 내리도록 강요당한 것은 더욱 아니다. 그것은 칠십 평생의 숙고 끝에 내린 결정이다. 이 기간 동안에, 만약 나라가 너의 마음에 들지 않았거나 네가 보기에 그 합의를 올바르지 못한 것으로 여겼다면, 너는 우리를 떠나 버릴 수 있었을 것이다.

하지만 너는 스스로 매번 훌륭한 법질서를 갖추었다고 칭찬한 라케다이몬이나 크레테를 선택하지 않았다. 너는 헬라스의 나라들이나 이방인들의 나라들 중의 그 어느 나라도 택하지 않았다. 너는 다리를 저는 사람들이나 눈먼 사람들이나 그 밖의 장애인들보다도 더 나라 밖 여행을 하지 않았다. 이처럼 너는 다른 아테네인들과는 유별나게 다르게 이 나라가 마음에 들었고, 법률인 우리가 마음에 들었다고 볼 수 있는 근거가 명백히 존재한다. 사실 법률이 없는 나라가 어떤 사람의 마음에 들겠는가? 이런데도 네가 우리와 합의한 사항을 스스로 지키지 않겠다는 것인가? 소크라테스, 만약 네가 우리가 하는 말을 따른다면, 법률을 지키는 것이 된다. 물론 나라 밖으로 나감으로써 네가 웃음거리가 되는 일도 없을 것이다."

여기서 소크라테스는 나라가 각자의 마음에 들지 않을 경우 언제든지 자기가 원하는 곳으로 갈 것을 허용했음에도 그렇게 하지 않고 있다가 사형 판결을 받고서야 조국에 불복하는 것은 옳지 않다고 말한다. 그 이유는 첫째, 자신을 태어나게 한 법률과 나라에 불복했기 때문이요, 둘째, 자신을 양육한 법률과 나라에 불복했기 때문이다. 셋째, 법률에 복종하고 나라의 명에 따르기로 합의하고서 복종도 하지 않고, 법률이나 나라가 잘못했다면 그들을 납득시키지도 않았기 때문이다. 평소 소크라테스는 사람의 훌륭함에 대해 특히 많은 이야기를 했기에 그는 어느 누구보다도 가장 많이 비난을 받게 될 것이라는 말이다.

다음으로 다른 나라로 가게 되면 왜 비난을 받아야 하는지 그 이유에 대해 밝힌다. 소크라테스가 이 나라를 마음에 들어 했다는 여러 가지 정황적 증거가 있기 때문이라는 것이다. 만약 소크라테스가 조국인 아테네가 자신의 마음에 들지 않았다면 다른 나라로 떠났을 텐데, 그는 그러지 않았다. 실제로 소크라테스는 보통의 다른 사람보다도 더 외국에 나가지도 않았고 오랫동안 아테네에서 살았다. 당시 유행처럼 번졌던 이웃 나라의 축제 구경을 위해 그는 이스트모스를 제외하고는 한 번도 간 적이 없었다. 나라의 명을 받아 군 복무에 임할 때가 아니면 다른 어떤 지역으로 이동한 적도 없다. 이러한 사실은 그가 조국인 아테네 생활에 충분히 만족하고 살았다는 증거다. 그가 원하기만 하면 다른 나라로, 다른 지역으로 이동할 수 있는 자유가 있었지만 전혀 미동도 하지 않았기 때문이다. 그렇게 소크라테스는 아테네를 조국으로 택했고, 아테네의 법률에 따라 시민으로서 생활할 것을 합의했고, 자식들까지 낳아 평생 대대손손 이곳에서 살고자 했었다. 더구나 재판을 할 때에도, 멜레토스가 사형을 제의했을 때 소크라테스는 국외 추방형을 제의할 수도 있었다. 하지만 그는 그렇게 하지 않았다. 그것은 조국인 아테네에서 살고자 하는 의지가 강했기 때문이다. 그러니 지금 소크라테스가 조국의 뜻을 거역하며 국외로 도망을 가려는 것은 옳지 않다. 왜냐하면 과거에 스스로 합법적인 방법으로 할 수 있었던 여러 경우가 있었음에도 불구하고 하지 않았기 때문이다.

《변론》에서 소크라테스는 늙은이의 처지로 이 나라 저 나라를 옮겨 다니면서 사는 것보다 오히려 사형을 택하겠다고 자신 있게 말했다. 그런데 지금에 와서 탈옥을 실행하고자 하는 것은 이전에 한 언행에 대해 책임을 지지 않는 무책임한 행위라는 것이다. 그리고 그것은 평소 그가 비판했던 일이기도 하다. 게다가 그것은 수치스러운 짓으로 법률과 나라를 비웃는 행위인 셈이다.

결론적으로 소크라테스가 평생 아테네에 살면서 보여 준 여러 행동들로 볼 때, 그는 유별나게 이 나라와 이 나라의 법률을 마음에 두었다고 여길 수밖에 없다. 만약 소크라테스가 법률과 나라의 명령을 따른다면 법률을 지키는 것이 된다. 하지만 법을 어기고 국외로 나간다면 단지 세상의 웃음거리가 될 것이라고 말한다.

3 다른 지역으로 도망쳐서 사는 삶은 모두에게 해가 될 뿐이네

소크라테스 "생각해 보라. 그대가 조국과 법률이 명하는 것을 어기고 이런 잘못을 저지르고 나서, 너 자신과 네 친구들에게 해 줄 수 있는 좋은 일이 무엇인지를. 왜냐하면 너의 탈옥으로 인해 친구들도 추방되어 나라를 잃게 되고 재산을 잃게 될 위험에 처하게 될 것이 명백하기 때문이다. 하지만 너 자신이 먼저 가장 가까운 나라들 중의 한 나라로, 즉 테베나 메가라로 간다고 가정해 보자. 두 나라 모두 다 훌륭한 법질서를 갖추고 있으므로 소크라테스여, 너는 이들 나라의 정치 체제에서 본다면 적대적인 사람으로 비춰질 것이다. 또한 나라를 걱정하는 사람들은 그대를 법률을 망쳐 버리는 자로 여겨 수상쩍게 볼 것이고 따라서 너를 재판한 사람들도 그들의 판단이 옳았다는 것을 더욱 확신할 것이다. 법률을 망쳐 버리는 자는 누구든지 간에 젊은이들과 생각 없는 사람들을 타락시키는 자라고 충분히 생각할 수 있기 때문이다.

그렇다면 너는 훌륭한 법질서를 갖춘 나라들과 가장 예의 바른 사람들을 피할 것인가? 네가 이런 짓까지 하고서도 과연 살 가치가 있다고 할 수 있는가? 너는 그들에게 다가가서 뻔뻔스럽게도 대화를 할 것인가? 도대체 무슨 말을 할 것인가? 소크라테스여, 혹 네가 여기에서 주장한 바로 그런 것, 즉 사람으로서 훌륭한 상태와 올바름, 합법적인 것과 법률이 인간들에게 있어서 가장 값진 것이라고 말할 것인가? 그렇게 한다면 그것은 매우 꼴사나워 보일 것이고 사실은 그렇게 생각해야 맞는 것이다.

너는 이 고장을 떠나 크리톤의 친구들이 있는 테살리아로 갈 것인가? 거기는 무질서와 방종이 너무나 극심한 곳이다. 사람들도 아마 네가 가죽옷이나 도망자들이 곧잘 갖추어 입는 차림으로 변장을 하고 너의 외양마저 바꾸고 얼마나 우스꽝스러운 꼴로 감옥으로부터 도망쳤는지를 재미있게 들을 것이다. 그러나 늙은이가, 아마도 앞으로 살날도 얼마 남지 않았으면서도, 법률까지 어기면서 이다지도 집요하게 악착같이 살려고 애쓴다고 말할 사람이 아무도 없을까? 만약 네가 누군가를 괴롭히지 않는다면, 아마도 그럴 것이다. 그러나 만약 그렇지 못하다면 소크라테스여, 너는 부당한 말을 많이 듣게 될 것이다. 너는 그야말로 모든 사람에게 굽실대고 굴종하면서 살게 될 것이다. 마치 성찬을 먹기 위해 집을 떠나 테살리아로 간 것이기라도 한 것처럼 말이다. 테살리아에서 성찬을 대접받는 것 외에 뭘할 수 있을까?

그러면 우리가 올바름과 그 밖의 훌륭한 상태와 관련된 대화들은 어디에서 듣게 될까? 그렇다면 너는 자식들 때문에, 그들을 키우고 교육시키기 위해서 탈옥을 해서라도 살고 싶어 하는 것인가? 테살리아로 아이들을 데리고 와서, 네가 키우고 교육을 시키려고 하는 것이, 그들을 외국인으로 만들어 혜택을 입기 위해서인가? 테살리아로 데려가 키우지 않고 네가 살아서 이들을 이곳에서 양육한다면, 네가 이들과 함께 있지 않더라도 더 잘 양육할 수 있고 교육도 받지 않을까? 너의 친구들이 아이들을 보살펴 줄 테니까. 네가 테살리아로 떠나갈 경우 그들이 보살펴 주겠으나, 네가 저승으로 떠나갈 경우 보살펴 주지 않기라도 할까? 너의 친구들이라고 자칭하는 사람들이 정녕 쓸모가 있다면, 그들이 보살펴 줄 것이다."

사실 소크라테스의 탈옥은 친구들까지 위험한 처지에 빠지게 만들 수 있는 것임을 강조하고 있다. 그와 더불어 설사 소크라테스가 가까운 다른 나라로 도망을 가서 살게 된다 하여도 범법 행위를 하고 비겁하게 도망친 그를 누가 환영하겠느냐고 반문한다. 더구나 그렇게 된다면 그에게 유죄 판결을 내린 사람들은 더욱 의기양양해져서 자신들이 잘했다고 말할 것이다.

더구나 만약 다른 도망자들이 하는 것처럼 변장까지 한다면 얼마나 우스꽝스러운 꼴로 평생을 살아갈 것인가? 소크라테스는 사람들의 입에 오르내리며 비웃음이나 살 것이다. 늙은이가 앞으로 살날도

얼마 남지 않았으면서도, 법률까지 어기면서 국가를 배반하고 집요
하게 목숨을 이어 가려고 발버둥치는 꼴로밖에 볼 수 없기 때문이다.

4 올바르게 사는 것을 중히 여겨야 하네

소크라테스 "하지만, 소크라테스! 너를 양육한 우리의 말대로 따라야 한다. 자식들도, 사는 것도, 그 밖의 어떤 것도 올바름보다 더 중요하게 여기지 말라. 그 이유는 네가 저승에 가서 그곳을 다스리는 통치자들에게 떳떳할 수 있기 때문이다. 네가 탈옥 같은 짓을 하는 것은 이승에서의 너를 위해서도 네 주변의 다른 누구를 위해서도 좋아 보이지도, 더 올바르거나 더 경건해 보이지도 않을 것이다. 더불어 저승에 이르게 될 너에게도 더 좋을 것이 없을 것이다.

그렇지만 이제 네가 사형을 받고 떠난다면, 너는 해를 입고 떠나는 것이다. 하지만 이는 법률인 우리 때문이 아니라 인간들 때문이다. 하지만, 만약 네가 부끄럽게도 우리에게 앙갚음을 하려고 부정하게 탈옥을 해서 아테네를 떠난다면, 그래서 우리와의 합의와 계약을 어긴다면, 가장 그래서는 아니 될 것, 즉 네 자신과 친구들 그리고 조국과 우리를 해치게 된다면, 네가 살아 있는 동안에 우리의 노여움은 계속될 것이다. 뿐만 아니라 저곳 저승의 법률인 우리 형제들도 너를 상냥하게 맞아들이지는 않을 것이다. 그들은 네가 우리까지도 망치려 했다는 것을 알고 있기 때문이다. 그러니 크리톤에게 설득되어 그가 말하는 대로 탈옥을 해서는 안 된다."

친애하는 벗 크리톤! 잘 알아 두게나. 나는 이런 말이 들려올 것이란 생각이 드네. 마치 코리바스 같은 열광 상태에 빠진 사람들이 아울로스 뿔 나팔 소리가 들리는 것으로 생각하듯이 말이네. 또한 이런 말이 바로 내 안에서 윙윙거리고 있어서 다른 것은 전혀 들을 수가 없게 만들고 있네. 하지만 잘 알아 두게. 적어도 지금 내가 갖게 된 판단, 이것에 대해 어긋나는 말을 자네가 한다면, 자네가 말하는 것은 모두 헛일이 될 걸세. 하지만, 그래도 자네가 뭔가 해낼 수 있을 것이라고 생각한다면, 말을 하게나.

크리톤 하지만, 소크라테스, 나로서는 아무 말도 할 수가 없네.

소크라테스 그럼 그만두게, 크리톤! 신이 이렇게 나를 인도하니, 내 말대로 하세.

소크라테스는 법률과 공동체의 의인화를 통해 자식들도, 삶도, 그 밖의 어떤 것도 올바름보다 더 중요하지 않다고 강조한다. 올바름을 중히 여기고 살다 보면 저승에 가더라도 그곳을 다스리는 자들이 소크라테스를 변호해 줄 것이라고 말하면서. 평소 지니고 있던 소크라테스 자신의 신념과 다르게 탈옥을 한다는 것은 그 자신을 위해서도 그 주변의 다른 누구를 위해서도 좋지 않다는 것. 살아 있을 때나 죽어서나 전혀 보탬이 되지 않는다는 것. 그것은 법률을 위반하는 일일 뿐만 아니라 소크라테스가 가장 하지 말아야 할 짓, 즉 자신과 친구들과 조국을 해치는 일이기 때문이다.

여기서 소크라테스가 크리톤의 권유대로 탈옥을 하는 것이 그 자신을 해친다고 한 말의 의미는 무엇일까? 소크라테스에게 자신을 아는 것은 정말 중요하다. 이는 곧 자신이 가장 사람답게 되는 길이 무엇인지를 아는 것이다. 이것을 깨닫고 실천하는 것이 그가 생각하는 삶의 이상이다. 따라서 친구 크리톤의 권유대로 탈옥을 하게 된다면 자신의 인격을 돌보지 않고 망가뜨리는 것으로 이것은 종국에 자신을 해치게 될 것이라고 그는 판단했다.

코리바스는 소아시아 프리기아의 키벨레 여신의 제관을 가리킨다. 이 여신은 풍요와 자연의 신이며 질병을 낫게 하는 신으로 알려졌는데 이 제례에는 요란스러운 무용과 악기 연주가 동반되었다. 따라서 코리바스 열광 상태라는 것은 이러한 광란의 상황에서 들려오는 소리를 뜻한다. 소크라테스는 크리톤에게 코리바스 같은 광란의 소리가 귓전에 계속 들려오기 때문에 다른 그 어떤 것도 생각할 수조차 없다고 말한다. 그는 이렇게 판단하고 생각하는 이상 친구인 크리톤이 어떤 말을 해도 듣지 않을 것이라 말한다. 이 말에 대해 크리톤은 자신으로서는 더 할 말이 없다고 답하면서 소크라테스를 설득시키지 못한 자신을 자책한다.

소크라테스는 마지막으로 신이 자신을 이 길로 인도한다고 말한다. 이 길은 비록 외롭고 힘들지만 옳음을 위해 사는 길, 사람답게 사는 길이다. 그러니 신의 인도대로 따르겠다는 자신의 의지를 밝히면서 즉, 자신의 사형을 운명처럼 받아들이면서 탈옥을 권유하는 친구 크리톤에게 마지막 말을 남긴다. 《자유론》에서 밀은 소크라테스의 사형 집행을 인류 역사상 잘못된 대표적인 사례로 꼽은 후 그를 성인의 반열에 올리며 추앙했다. 그리고 소크라테스가 자신의 도덕적 신념과 철학을 위해 아테네의 법을 등지며 순교했다고 적었다.

소크라테스, 진리를 위해 순교하다

1. 소크라테스 그리고 플라톤의 시대와 생애

1) 다수의 폭력에 맞선 외로운 철학자 – 소크라테스

소크라테스는 기원전 470년경에 아테네의 알로페케 마을에서 태어났다. 아버지인 소프로니코스는 석공이었고, 어머니인 파이나레테는 산파였다. 소크라테스는 평생 직업이 없었던 것으로 알려져 있으나 아버지가 석공이었던 관계로 아마도 그와 관련한 일을 했을 것이라는 추측도 있다. 그는 다른 남자들에 비해 몸집이 왜소했고 외모 또한 투박했다. 하지만 체력이 좋았으며 인내심이 강했다고 전해진다. 성격은 급하지 않고 느긋했으며 평소 사색에 잠기는 일이 많았다고 한다.

그는 자신보다 나이가 훨씬 어린 크산티페와 결혼하여 세 명의 아이를 두게 된다. 크세노폰은 《회고록》에서 소크라테스의 자녀들이 엄격한 어머니에 대해 불평을 하고 소크라테스가 이를 타이르는 듯한 장면을 묘사하고 있다. 이로 인해 크산티페는 악처라고 알려지기도 했지만 그녀에 대한 평가가 과장되었다고 말하는 이들도 있다. 온종일 아테네 광장과 시장을 다니면서 사람들과 대화나 하며 시간을 보내는 남편을 보고 과연 아내는 무슨 생각을 했을까? 평생 돈 한 푼 벌지 않으면서 집 밖으로 나가 '철학 나부랭이'를 하겠다고 고집하는 남편을 곱게 볼 아내가 세상에 어디 있겠는가? 더구나 당시 소피스트들은 부유한 귀족의 자녀를 가르치고 그 대가로 고액의 돈을 받음으로써 세속적인 부와 명예를 손에 넣었다. 반면 소크라테스는 한 푼의 대가도 받지 않았기 때문에 지독하게 가난한 생활을 했다고 전해지지 않던가. 크산티페는 악처가 될 수밖에 없었을 것이다.

그런데 그는 말년에 정치적 문제에 휩쓸리게 된다. 그것은 펠로폰네소스 전쟁 이후 아테네의 정치적 지형의 변화와 무관하지 않다. 기원전 431년부터 기원전 404년까지 그리스의 패권을 놓고 전쟁이 벌어진다. 스파르타를 맹주로 하는 동맹군과 아테네를 맹주로 하는 동맹국 간의 전쟁인 펠로폰네소스 전쟁이었다. 중간에 휴전 기간도 있었지만 무려 27년간 진행된 이 전쟁은 결국 스파르타의 승리로 끝이 난다.

하지만 전쟁에서 이긴 스파르타도 전쟁에서 패배한 아테네도 모두 기진맥진하여 그리스는 전체적으로 쇠락의 길을 걷게 된다. 스파르타가 전쟁에 이기면서 아테네는 스파르타의 지배를 받게 되었는데, 이때 아테네 민주정이 무너지고 스파르타 주둔군의 지지를 받는 30인의 참주들이 잔혹한 독재 정치를 하는 참주정 시대가 열린다. 사실 참주정 시기는 불과 9개월에 불과했지만 대략 천 명이 넘는 아테네 시민들이 무자비하게 처형당한다.

그 이전 아테네의 전성기였던 페리클레스 시대에 아테네는 모든 그리스 국가들의 학교였다. 아테네는 문화와 정치 모두에서 훌륭하다는 평가를 받고 있었고 모든 국가의 모델이자 이상이었다. 하지만 펠로폰네소스 전쟁이 끝난 후 상황은 180도 달라진다. 과거 지중해 동부의 에게해를 호령하던 아테네는 더 이상 막강한 함대를 지닌 위대한 제국이 아니었다. 경제는 피폐할 대로 피폐했고 시민들은 조국인 아테네를 떠나 다른 도시 국가로 도망갔다. 페리클레스 시대의 화려했던 과거의 영광은 사라진 지 이미 오래였다.

펠로폰네소스 전쟁 이후 귀족주의 세력이 잠시 힘을 얻었으나 민주정파는 다시 세력을 회복해 정권을 장악했다. 그들은 다시 아테네를 일으켜 세우고자 했다. 그런데 이 시기에 활약했던 소크라테스는 민주정이나 민주정에 참여한 사람들을 비판하면서 수구적인 귀족 정치를 옹호하는 듯한 말을 일삼고 다녔다. 이와 더불어 그는 국가나 공동체의 질서보다 개인의 도덕적 자율성을 강조했다. 더구나 그는 독특한 캐물음 방식의 질문을 통해 당시의 유명인들, 특히 정치인이나 지식인층을 망신 주고 다녔다. 그래서 그는 아테네 주류 사회의 눈엣가시가 되었다.

이런 상황에서 민주정파 측은 그를 귀족주의의 본보기로 처형하고자 한다. 당시 주류 세력이었던 민주정파와 대립하며 수많은 젊은이들을 몰고 다니는 기인 소크라테스를 제거한다면 민주정파는 그 세력을 더욱 공고히 할 수 있을 것이라 확신했기 때문이다. 사실 엄밀하게 말하자면 소크라테스는 현실 정치에 직접적으로 참여한 바가 없었다. 하지만 그의 지인들인 크리티아스, 알키비아데스 등은 당시 주류 정치 세력과 반대편에 자리하고 있었다. 또한 소크라테스의 개인주의적 입장은 귀족주의를 옹호하는 것으로 비쳤으므로 민주정파로서는 소크라테스를 자신들의 반대 세력이라고 여기고 있었다.

여기에 기원전 5세기 무렵 소크라테스와 같은 철학적 인물들은 도시 국가에 잠재적인 위협으로 여겨지고 있었다. 그런 그릇된 인식을 심어 준 것은 소피스트였다. 그들은 모든 것을 상대적으로 보았고 자신의 이익을 위해서라면 서슴지 않고 궤변을 일삼았다. 그러니 아테네처럼 개방적인 도시에서조차 그들은 배척받고 있었다.

결국 민주정파의 질시와 미움을 받은 소크라테스는 국가가 믿는 신을 믿지 않고 젊은이들을 타락시켰다는 죄목으로 재판에 회부되어 사형을 선고받고 일흔의 나이에 독배를 마시고 생을 마감하게 된다.

로마 시대 수사학과 연설의 대가였던 퀸틸리아누스는 소크라테스의 인생 전체가 아이러니로 가득 차 있다고 말했다. 남을 결코 가르치지 않는다고 주장하는데도 그는 젊은이를 가르쳐서 타락시켰다는 이유로 기소되었다. 연설하는 능력이 부족하다고 주장한 그가 대중의 찬사와 갈채를 받으며 법정에서도 감동적인 연설을 했다. 글을 한 줄도 쓰지 않은 그가 도덕 철학 사상가로 철학사의 맨 앞자리에 우뚝 섰다. 자신은 결코 소피스트가 아니라고 말한 그가 소피스트라는 이유로 유죄 판결을 받았다. 윤리와 도덕 철학을 창시한 그가 젊은이들을 도덕적으로 타락시켰다는 이유로 유죄 판결을 받았다. 신으로부터 부여받은 철학적 소명을 지키고자 평생을 살아온 그가 신을 믿지 않는다는 이유로 고발되었다. 그리고 아테네의 도덕을 위해 평생을 헌신한 사람이 아테네, 즉 아테네의 신들을 모독했다는 이유로 재판정에 세워졌기 때문이다.

2) 스승의 외로운 마지막 길을 대화편에 담다 - 플라톤

플라톤은 펠로폰네소스 전쟁 기간이었던 기원전 428년경에 태어났다고 알려져 있다. 그는 아버지를 일찍 여의고 재혼한 어머니와 함께 살았다. 형제로는 형인 아데이만토스와 글라우콘, 누나인 포토네가 있다. 그는 아테네의 지체 높은 귀족 가문에서 태어난 덕분에 어릴 때부터 당대 유명한 스승들로부터 가르침을 받았고 재능도 뛰어난 인물이었다. 그는 처음에 문학에 많은 관심을 갖고 있어 시를 쓰는 데 많은 시간을 보냈다. 그러다가 시 낭송 대회에 참여하기 위해 극장에 갔다가 우연히 젊은이들과 함께 토론하는 소크라테스를 보고 한눈에 매료되어 평생의 스승으로 모시게 된다.

그가 살았던 당시 아테네는 혼란스러운 시기였다. 과두정을 무너뜨리고 민주정으로 정체는 바뀌었지만 여전히 사회는 불안정한 데다가 정권을 장악한 민주정파 역시 반대파를 어떻게든 억누르려 하고 있었다. 특히 정치인들은 정치적 선동이나 인기 영합적인 행동을 통해 대중적 지지를 얻으려 했다. 이에 편승해서 자신의 이익을 추구하기 위해 흑을 백이라고 우기는, 수사학과 변론술이 능한 소피스트들이 이들 정치인들의 이론적 지원자들로 활동하고 있었다. 이런 혼란한 시기에 지친 플라톤은 소크라테스의 사상을 접하고 나서 문학보다는 점점 그의 철학에 지대한 관심을 기울이기 시작했다. 오히려 그가 당대 정치계의 풍토에 환멸을 느꼈다고 말하는 것이 더 올바른 표현일 것이다.

특히 20대 후반의 열혈 청년이었던 그는 70세의 스승이 구부정한 모습으로 변론을 했던 재판정에서 사형을 선고받는 것을 보고 아테네의 지적 분위기나 민주정에 더욱 정나미가 떨어졌다. 그는 스승의 재판을 내내 지켜보면서 안타까워했고 다수의 횡포에 의해 스승인 소크라테스가 억울한 사형 선고를 받자 이 재판을 아테네의 정신적 몰락으로 보았다. 그래서 그 재판을 계기로 그의 인생관은 송두리째 바뀐다.

스승인 소크라테스 사형 집행으로 인해 심신이 피폐해진 그는 당분간 아테네를 떠나 여러 지역으로 돌아다니며 여행했다. 그 과정에서 그는 다양한 사상을 접하게 되었고 그러면서 학문적 성과도 영글어 간다. 그리고 나이 40세가 넘어 아테네로 귀향한 다음 '아카데미아'라는 학교를 세우고 본격적으로 학생들을 가르치기 시작한다.

또한 그의 대표적 저서 《국가》에서 나타나듯이 그는 소수의 철학자들이 다스리는 이상 국가를 가장 바람직한 국가라고 주장했다. 그리고 그 이상을 실현하기 위해 시칠리아로 가기도 했으나 결실을 보지 못하고 도리어 반역자 혐의까지 쓰게 된다. 겨우 누명에서 벗어난 그는 아테네로 다시 돌아와 기원전 347년 80세를 일기로 생을 마감하기까지 생의 대부분을 아카데미아에서 후학을 양성하면서 대화편의 저술에 매진한다. 우리가 여기서 다루는 《변론》이나 《크리톤》 역시 그의 대화편에 들어 있는 저술들이다. 그리고 그가 심혈을 기울여 완성한 30여 편의 대화편은 자신은 물론 스승 소크라테스까지도 초기 그리스 철학의 효시로서 추앙받게 만든다.

2. 소크라테스의 사상

1) '소크라테스의 문제'?

중·고등학교 학생들에게 서양 철학자 중에 아는 사람이 있냐고 묻는다면 누구를 말할까? 아마도 소크라테스 이름이 가장 많이 나오지 않을까? 그의 이름은 그만큼 일반인에게도 널리 알려져 있다. 하지만 소크라테스에 관해 전문가들에게 묻는다면 상황이 많이 달라진다. 일반인들에게 가장 적게 알려진 서양 철학자가 바로 소크라테스라고 말하니 말이다. 심지어 버트런드 러셀은, 소크라테스에 대해서 우리가 많이 알고 있는지 조금 알고 있는지조차 확실하지 않다고 말한다. 도대체 이것이 무슨 소리일까?

그는 생전에 어떤 글도 남기지 않았던 것으로 알려진다. 그래서 저작을 통해 그의 사상을 직접 확인하기는 어렵다. 흔히 이것을 철학사에서는 '소크라테스의 문제'라고 부른다. 우리는 그의 제자였던 플라톤, 크세노폰, 그리고 희극 작가 아리스토파네스 등 몇몇 사람들이 그에 관해 쓴 글을 통해 소크라테스를 단지 추측할 뿐이다.

그런데 소크라테스에 대한 이들의 묘사는 서로 다르다. 심지어 저서에서 소크라테스를 가장 많이 등장시켰던 플라톤마저도 여러 대화편 속에 소크라테스를 각각 다르게 묘사하고 있다. 그런 이유로 연구자들은 무엇이 진짜 소크라테스의 모습인지에 대해 지금도 논란을 벌이고 있다.

플라톤은 상상력이 뛰어난 문학가였으며, 크세노폰은 군인, 아리스토파네스는 패러디를 잘하는 전문가였다. 이들 모두는 자기 자신만의 소크라테스를 만들 수 있는 능력을 지니고 있었다. 그렇다면 우리는 정작 소크라테스에 대해 한마디도 할 수 없다는 말인가? 공자나 맹자가 그러하듯이 고대의 많은 철학자들은 스스로의 저작이 없었다. 그럼에도 불구하고 세월이 흐르고 역사가 쌓여도 그들의 사상은 찬연히 빛을 발하고 있다. 왜냐하면 그의 제자들이나 지인들을 통해 그들의 삶이나 사상이 상당 부분 드러났기 때문이다.

특히 플라톤은 자신의 대화편에서 소크라테스를 많이 언급하고 있다. 하기만 대화편에 나오는 소크라테스에 대해서조차 초기, 중기,

후기에 따라 평가가 달라진다. 아마도 초기에는 소크라테스 사상 그대로가 담겨져 있다면, 중기와 후기로 갈수록 플라톤 자신의 사상이 영글어 가면서 그가 스승의 이름을 빌려 자신의 사상을 표현한 것으로 추측된다.

2) 선하게 사는 것과 정신적 가치를 중시하다

소크라테스는 소피스트의 상대주의 윤리설을 비판하고 보편적이고 객관적인 절대주의 윤리설을 주장한 것으로 알려져 있다. 소피스트들은 대다수가 진리나 도덕, 윤리는 항상 고정 불변하는 것이 아니라 시대와 상황에 따라 달라진다는 상대주의적 입장을 내세웠다. 반면에 소크라테는 인간은 보편적 이성을 지니고 있어 절대적이고 객관적으로 존재하는 윤리나 진리, 도덕을 파악할 수 있으며 그것을 실천할 수 있다는 절대주의 윤리설을 주장한다. 그래서 인간은 올바르게 사는 것이 중요하고 세속적인 욕망이나 시류에 휩쓸리지 않는 정신적인 가치를 중시하며 살아야 한다고 강조했다. 그는 대다수 사람들이 옳고 그름에 대해 정확하게 알지 못하기 때문에 악을 행한다고 보았다.

따라서 "너 자신을 알라."라는 델피 신전의 말을 인용하면서 계속

묻고 답하는 이성적이고 논리적인 대화법을 사용하여 자신의 무지를 자각하고 참된 앎을 추구해야 한다고 주장했다. 또한 자신의 영혼을 돌보며 사려 깊은 자세로 훌륭하게 잘 사는 삶을 추구하면서 끊임없이 성찰해야 한다고 보았다.

소크라테스의 사상을 압축적으로 잘 드러내고 있는 것은 소크라테스의 생전 마지막 며칠을 형상화한 〈소크라테스의 죽음〉이라는 자크 루이 다비드의 그림이라고들 말한다. 여기에서 그는 냉정하고 차분하게 이 세상을 하직할 준비를 하는 성인의 모습으로 형상화되어 있다. 그림에서 소크라테스는 사랑하는 사람들에게 둘러싸여 한 손으로 이제 곧 마셔야 하는 독배를 가리키고 있고, 다른 한 손은 위를 향해 추켜세운다. 여기서 추켜세운 한 손은 자신이 추구하는 도덕적 이상과 죽기 직전에 제자들과 토론한 영혼의 불멸성을 상징한다고 한다. 그런 의미에서 그는 도덕적 가치를 무엇보다 중요하게 여겼고 그것을 위해 스스로의 죽음도 불사한 인물이었다.

3) 토론의 일상화를 통해 참된 앎에 다가가다

하늘을 관측하기 위해 별을 보며 걷다가 발을 헛디뎌 우물에 빠진 철학자가 있다. 그 사람을 보고 지나가던 한 여종이 "자신의 발 주변에서 일어나는 일도 제대로 모르면서 하늘에서 일어나는 일을 어찌 깨달으려 할까?"라며 비웃었다는 일화가 있다. 바로 그리스 자연 철학자 탈레스 이야기다. 우리는 흔히 철학자 하면 골똘히 생각에 잠겨 깊은 산중을 거닐거나 두문불출하는 사람을 떠올리기 쉽다.

그런데 소크라테스는 아주 달랐다. 소크라테스가 가장 좋아했던 것은 일방적인 독백이나 깊은 사색이 아니었다. 그렇다고 많은 청중을 대상으로 하는 강연도 아니었다. 그것은 상대방과의 거리낌 없는 대화, 어떤 주제에 대해서나 격의 없이 토론하는 것이었다. 그는 아테네의 광장인 아고라나 시장에 나아가 누구든 붙잡고 대화하고 토론하는 것을 즐겼다.

그런데 소크라테스가 상대방과 대화하고 토론할 때 사용하는 캐묻기식 질문법이 바로 엘렌쿠스(elenchus)다. 엘렌쿠스는 오늘날에는 질문을 통한 논박을 의미하는 말로 사용되지만, 산파술, 그러니까 아이를 낳는 산모를 옆에서 도와주는 산파처럼 진리에 도달하는 것을 도와주는 대화술이라고도 불리며 상대방과 일대일로 행하는 끝없는 대화법을 말한다. 이러한 엘렌쿠스는 당시 소피스트들의 수사학적 변론술과 달리 상대방의 직접적 참여를 유도하고 서로 질문과 답변을 주고받는 과정 속에서 상대 견해가 지닌 모순과 불일치를 지적할 수 있다는 장점이 있다.

소크라테스의 대화법을 연구한 로빈슨에 따르면, 질문을 하는 사람은 모른다고 전제하고 물어보며, 대답하는 사람은 답변을 궁리하다가 쩔쩔매면서 분노하게 된다. 하지만 그것은 무지를 자각하게 함으로써 지적인 자만심을 제거하여 참된 앎의 세계로 나아갈 수 있게 하고, 사람들로 하여금 수치심을 느끼게 하여 도덕적 향상을 도모할 수 있게 한다. 따라서 엘렌쿠스의 존재 의의는 독단적인 사고로부터 벗어나게 함으로써 진정한 지적 호기심을 일깨우는 데 있다.

소크라테스가 얼마나 토론을 즐기고 중시했는지는 《크리톤》을 보면 잘 나와 있다. 죽음이 임박한 상황에서도 친구에게 토론을 하자고 제안하기 때문이다. 억울한 누명을 쓰고 사형을 선고받는 것이 옳은지 아니면 교도관에게 뇌물을 주고 도망가는 것이 옳은지에 대해. 그는 탈옥을 권유하는 친구를 산파술을 통해 설득하기 시작하고 마침내 친구의 입에서 "자네 뜻대로 하게."라는 답을 유도해 낸다. 여기서 소크라테스의 주장은 법이 명하는 바에 따라 사형을 택하는 것이 옳다는 것이다. 이것을 두고 일부에서는 소크라테스가 "악법도 법이다."라고 말하면서 죽었다고 전하기도 한다. 하지만 그것은 잘못된 해석이다. 그는 자신의 조국인 아테네의 법을 악법이라고 부른 적이 없다. 더욱이 "악법도 법이다."라는 말을 하지도 않았다. 여기서 그가 법을 따라야 한다고 말한 것은 그 법이 시민들의 합의 사항이고 재판을 하는 과정에서 인정한 것이기에 따라야 한다는 뜻이다.

어쨌든 그는 평생 많은 사람들과 대화하고 토론하며 살았고 토론하는 과정에서 상대방은 자신의 무지를 자각하기도 했다. 하지만 많은 사람들이 있는 아고라 시장에서 그의 상대방은 얼마나 창피했을까? 자신의 무지가 여실히 드러나는 순간을 좋아할 사람은 없지 않은가? 따라서 소크라테스의 대화 상대자는 자신이 모르고 있었다는 사실을 깨달으면서도 소크라테스에게 불쾌감과 적대감을 지니게 된다. 이것이 화근이 되어 소크라테스는 사람들로부터 미움을 받아 재판에 회부되었고 결국 죽음으로 내몰리게 된다.

소크라테스의 토론 병은 자신이 죽을지 살지 모르는 재판정에서도 보통의 피고발인들과 다르게 자극적인 토론을 벌이고자 시도하게 만든다. 또한 사형을 선고받고 친구가 찾아와 탈옥을 권유하지만 그는 그것의 옳고 그름에 대해 또다시 토론을 벌인다. 그래서 소크라테스에게 토론은 공기와 물 같은 것이라고 표현한 사람도 있다.

그는 왜 토론을 중하게 여겼을까? 그것은 단순히 상대방의 무식이나 현명하지 못함을 폭로하는 데에 있었던 것이 아니다. 토론을 통해 무지를 자각하고 참된 앎에 한 걸음 더 다가갈 수 있다고 보았기 때문이다. 참된 앎을 통해 인간이 지녀야 할 고귀한 덕을 밝히고 그것을 실천하면서 살아가는 삶, 그것이 바로 진정 참된 삶이기 때문이다.

4) 성찰하는 시민, 비판하는 시민의 효시가 되다

플라톤의 대화편인 《변론》, 《크리톤》을 통해 소크라테스가 이상적으로 생각한 시민성의 면모를 엿볼 수 있다. 그것은 성찰적 시민성, 비판적 시민성이었다.

성찰적 시민성은 자기 삶의 모습을 돌아보고 자신이 옳다고 생각하는 신념과 철학에 따라 살고 있는지를 끊임없이 반성하면서 살아가는 정신을 말한다. 소크라테스는 올바른 영(靈)을 갖기 위한 인간적인 배려를 중시하면서 전통적인 시민의 공동체적 덕목보다 개인의 도덕적 양심과 지적인 정직성을 강조해 불의를 벗어나야 한다고 주장했다.

비판적 시민성은 공적 영역에 대한 무조건적인 헌신을 거부하고 다수 여론에 위축되지 않는 태도를 말한다. 즉 그는 대다수 사람들의 지배적 관념일지라도 또한 공적 영역에서 가치 있는 것일지라도 그것이 비판의 대상에서 제외된다고 생각하지 않았다. 그의 비판적 시민성은 생각 없는 순종이나 묵종을 거부한다. 즉 공적 권위에 대해 이의를 제기하고 이를 비판하면서도 자신의 사유와 행위에 대해 끊임없이 반성하면서 의문을 제기하는 시민 정신을 말한다.

5) 대중을 일깨우는 등에로서의 삶을 살다

델피 신탁은 소크라테스보다 현명한 사람은 없다고 말했다. 자신이 가장 현명하다니, 그는 그것을 믿을 수가 없었다. 그래서 현명하다고 알려져 있는 아테네의 정치인들, 시인들, 장인들을 찾아다녔다. 그런데 이들과 대화하면서 소크라테스가 발견한 것은 그들 모두 스스로 현명하다고 자부하고 있지만, 사실 그들은 모르고 있다는 것을 인정하지 않으니 현명하지 않다는 사실이었다. 그래서 신탁이 맞았다고 확신한다. 왜냐하면 그는 자신이 모른다는 사실은 알고 있으니까 그들보다 더 낫다는 것이다.

그러면서 그는 스스로를 '아테네의 등에'로 자처한다. 말 등에서 끊임없이 말을 쪼아 대고 피를 빨아 대는 등에처럼, 아테네라는 거대한 말, 스스로 잘났다는 자만심과 매너리즘에 빠져 스스로가 지닌 오류를 모른 채 안주하는 시민 집단, 사리 분별을 못하는 무지몽매한 대중을 일깨우는 지식인으로서 스스로를 묘사한다. 민주주의에서 흔히 발생하는 다중의 오류를 날카롭게 지적하며 쏘아 대는 등에 역할을 자임한 것이다. 그리고 그는 그것을 신이 자신에게 내린 소명이라 여기면서 평생 살았다.

3. 《변론》과 《크리톤》은 어떤 책인가?

1) 외로운 선각자가 세상을 향해 외치는 《변론》

소크라테스는 일흔의 나이에 국가가 믿는 신을 믿지 않고 아테네의 젊은이들을 타락시켰다는 이유로 아테네의 법정에 서게 된다. 그 재판에서 소크라테스의 변론 내용을 플라톤이 대화편에서 엮은 것이 《변론》이다.

소크라테스는 아테네 시민들이 무지를 자각하고 참된 앎을 통해 덕을 함양하면서 선량한 시민이 되는 것을 이상으로 삼았다. 하지만 당시 정치인들과 대부분의 시민들은 펠로폰네소스 전쟁 이후 그리스에서 다시금 패권을 차지하고 물질적 편안함을 추구하는 것이 우선이라고 생각했다. 그러니 정신적 가치를 추구하고 영혼의 단련을 통해 덕을 쌓는 선량한 삶을 살아야 한다는 소크라테스의 주장은 뒷전이었다. 그 점에서 젊은이들을 몰고 다니면서 귀족정을 옹호하고 민주정에 비판적인 소크라테스는 당시 정치계로부터 미운털이 박힐 수밖에 없었고 결국 재판에 회부되어 정치적 희생양이 된다.

플라톤의 다른 대화편은 주로 개인 간의 대화로 이루어져 있다. 그런데 《변론》은 법정이라는 장소에서 500여 명의 배심원들과 다수의 방청객들 앞에서 공개적으로 진행된 변론을 담고 있다. 플라톤이 소크라테스를 존경하는 제자의 마음이 앞서 스승을 훌륭하게 기술하고 싶었다 하여도 당시를 기억하는 사람들이 많았으니 사실에 바탕을 둘 수밖에 없었을 것이다. 따라서 당시의 재판을 사실 그대로 적었을 것이라 추측할 수 있다.

《변론》은 크게 세 부분으로 나눌 수 있다. 첫째, 소크라테스가 자신을 기소한 사람들을 두 부류로 나누고 먼저 아리스토파네스의《구름》에서 비롯된 자신에 대한 선입견과 오해에 대해 해명하는 부분이다. 여기에 소크라테스보다 현명한 사람은 없다는 델피 신탁의 참뜻을 구하고자 현자라고 생각되는 정치인, 시인, 장인들을 만나 논박을 한 내용을 진술한다. 그리고 자신에 대한 비난과 칭송의 이중적 평가에 대해 논한다.

이어서 실제 재판에서 자신을 기소한 멜레토스, 아니토스, 리콘의 고발에 대해 변론한다. 젊은이들을 타락시켰다는 것과 국가가 믿는 신을 믿지 않는다는 것에 대해 반론을 편다. 자신에 대한 오해와 질시로 인해 이들 고발인들이 자신을 고발했지만, 이는 모두 사실과 다르다고 변론한다. 여기서 소크라테스는 그의 소명이 철학하는 일이라 당당히 밝히며 아테네에서 등에로서의 삶을 살 것을 다짐한다. 그리고 동정을 구하지 않고 당당히 배심원들과 신께 판결을 맡긴다는 말을 남긴다.

둘째, 소크라테스가 배심원들로부터 220 대 280으로 유죄 판결을 받은 이후 자신은 죄를 받을 것이 아니라 영빈관에서 식사 대접을 받아야 마땅한 인물이라고 말하면서 벌금 30므나를 제안하는 부분이다.

마지막으로 사형 선고가 내려진 이후 자신에게 사형표를 던진 사람들에게, 그리고 자신이 제안한 벌금형에 투표한 사람들에게 마지막 말을 각각 남긴다. 그리고 모두에게 부탁의 말을 남기고 작별 인사를 한다. 소크라테스가 배심원들에게 작별 인사를 하는 내용으로, 죽음과 사후 세계에 대한 그의 생각도 담겨 있다.

2) 친구의 억울한 죽음을 막으려 탈옥을 권유하는 《크리톤》

크리톤은 어릴 때부터 소크라테스의 친구였다. 그는 경제적으로 부유하기는 했지만 철학적 소양은 특별하지 않은 아주 평범한 시민이었다. 하지만 소크라테스에게는 헌신적이었으며 물질적인 후원을 아끼지 않은 친구였다. 소크라테스가 처형되기 전날 밤, 그는 소크라테스를 찾아가 마지막으로 탈옥을 종용했다. 어떻게든 사랑하는 친구를 잃기 싫은 크리톤은 여러 가지 이유를 들어 소크라테스를 설득하고자 했다. 그 내용을 플라톤이 정리한 것이 바로 《크리톤》이다.

《크리톤》은 소크라테스와 크리톤의 대화, 그리고 의인화된 법률 및 시민 공동체와 소크라테스가 가상으로 나눈 대화 형태로 구성되어 있다. 《크리톤》에는 방임에 가까운 자유와 중우 정치로 전락한 민주주의의 나라, 그럼에도 불구하고 소크라테스가 사랑한 아테네의 시민 공동체 및 법률과 관련해서 그가 지키려 했던 원칙과 신념들이 담겨 있다. 소크라테스는 크리톤이 제안한, 감옥과 사형 집행으로부터의 도피는 악할 뿐만 아니라 합법적인 절차에 불복종하는 행위로 국가 자체를 파괴하는 행위라고 주장한다.

《크리톤》 역시 세 부분으로 나누어 볼 수 있다. 첫째, 소크라테스를 찾아와 탈옥을 권유하는 크리톤이 등장한다. 크리톤은 재판에서 친구들의 소극적인 대처로 소크라테스를 구하지 못한 것을 안타까워하면서 아이들의 양육과 교육을 위해서라도 국외로 탈출하라고 권한다. 그러면서 다른 나라로 가는 것을 두려워하지 말라고 청한다.

둘째, 크리톤의 탈옥 권유에 대한 소크라테스의 답변 부분이다. 소크라테스는 많은 사람들의 의견에 따라 사는 것이 과연 옳은 것인지 살펴보자고 하면서 다수의 견해보다 전문가인 한 사람의 의견이 더욱 중요할 수 있다는 점을 강조한다. 죽음이 두려워 평생 지니고 있었던 삶의 원칙을 내팽개쳐서는 안 되며 '잘 사는 것'보다 '훌륭하게 사는 것'을 중히 여겨야 한다고 주장한다. 그러므로 탈옥을 하는 것은 올바르지 않은 짓으로 결코 해서는 안 되는 행위라 주장한다. 그러면서 시민들 사이에 합의한 사항은 지키는 것이 옳은 것이라고 강하게 말한다.

마지막으로, 소크라테스는 의인화된 법률과 시민공동체와 가상의 대화를 나누면서 자신의 주장을 다시 한 번 힘주어 말한다. 본인도 참석한 재판의 결과에 불복하는 것은 옳지 않으며 암묵적 동의에 의해 조국에 살 것을 맹세했다면 조국의 법에 따라야 하며, 다른 지역으로 도망쳐서 사는 삶은 모두에게 해가 될 뿐이다. 그러니 사람은 그저 사는 것보다 올바르게 사는 것을 중히 여겨야 한다고 주장한다. 이러한 소크라테스의 주장에 대해 결국 크리톤 또한 "소크라테스, 나로서는 아무 말도 할 수가 없네."라고 체념하고, 소크라테스는 "그럼 그만두게, 크리톤! 신이 이렇게 나를 인도하니, 내 말대로 하세."라고 말한다.

3) 《변론》과 《크리톤》에서 소크라테스의 태도는 양립 가능한가?

《변론》과 《크리톤》에는 소크라테스가 갖는 상당한 시각차가 존재한다. 《변론》에서 소크라테스는 아테네 도시 국가 체제에 불만을 갖고 국가에 불복종하는 시민으로 묘사된다. 그는 배심원들마저도 그들의 자격을 인정치 않고 재판관이 아니라 시민들이라 부르고 있다. 하지만 《크리톤》에서의 소크라테스는 국가의 법을 지켜야 하기 때문에 탈옥을 권유하는 친구의 조언을 거부하는, 체제에 순응하는 인물로 나온다. 즉 소크라테스는 《변론》에서는 아테네의 법과 질서에 비판적이고, 《크리톤》에서는 법과 질서를 존중하는 모순된 이미지를 지니고 있다.

《변론》과 《크리톤》 사이의 이런 불일치에 대해 많은 학자들이 언급하고 있지만 소크라테스를 연구한 산타스의 견해가 가장 적절하다고 판단된다. 그는 두 작품의 극적인 계기들이 매우 다르다고 보았다. 소크라테스는 《변론》에서는 자기의 전 생애에 걸쳐 한 일에 대해 공개적으로 재판을 받고 있다. 그래서 오랜 세월 동안 선입견과 오해에서 비롯된 자신에 대한 모든 비방에 대해 변호하고, 자신의 행위에 대한 평가를 바로잡아야 할 필요성이 있었다. 그런 이유로 《변론》에서는 적극적이고 때로는 공격적으로 스스로를 변호한 것이다.

하지만 《크리톤》에서는 모든 것이 이미 지난 일이 되었다. 그의 과거 언행의 시시비비를 가리고 아테네 시민들을 납득시키는 과정은 이미 지나갔다. 이제는 그가 평생 살아왔던 삶의 원칙들과 그가 온 생애에 걸쳐 택했던, 그리고 법정에서 택했던 선택들을 지키는 것만 남아 있을 뿐이다. 그런 상황의 차이 때문에 모순된 태도가 나온 것이다.

물론 소크라테스가 조국 아테네에 대해 강력하게 불복종을 하면서도 아테네의 국법을 준수하고 부당한 사형 선고를 수용한 것은 악법도 법이어서가 아니었다. 그를 죽음으로 몰고 가는 '현실의 아테네 조국'을 위해서도 아니었다. 그것은 그가 일생 동안 몸과 마음을 바쳐 개선하고자 한 '조국'을 위한 것이었다. 《변론》이 소크라테스의 전 생애에 대한 변론이라면, 《크리톤》은 그의 죽음에 대한 변론이라고 보는 것이 타당할 것이다.

4. 《변론》과 《크리톤》의 현대적 의의

1) 죽음을 초월한 도덕적 실천가

《변론》과 《크리톤》은 소크라테스의 재판과 죽음이라는 역사적 사실에 바탕을 두고 있다. 다른 모든 역사가 그러하듯이 특히 이 역사도 우리에게 교훈을 준다. 그는 죽음을 초월해서 자신의 철학적 신조를 지키며 살아간 도덕적 실천가였다. 소크라테스는 인간이 영혼을 잘 보존하기 위해서는 무엇보다도 옳지 못한 행동이나 부끄러운 일을 저지르지 말아야 한다고 보았다. 죽음을 포함해서 그 어떠한 것도 도덕적 수치심보다 더 고려해서는 안 된다고 주장했다.

그에 따르면, 살아 있을 때 사람들이 가장 중요하게 생각해야 할 것은 단순히 사느냐 죽느냐가 아니라 얼마나 선하게 살고 얼마나 의롭게 죽느냐 하는 것이다. 그것은 불의에 불의로 맞서지 않고, 도덕적으로 살아가는 인간으로서 그에 걸맞게 올바르게 살아야 한다는 말로 나타난다. 그래서 그는 결국 억울하게도 사형을 당한다. 이는 자신이 탈옥함으로써 아테네의 법과 민주주의 체제에 해를 가하기보다, 즉 불의에 대해 불의로 대항하기보다 스스로 불의를 감수하기로 한 것이다. 그는 자기 자신의 신념에 대해서 그것이 옳다는 생각을 굽히지 않으면서도 모든 문제에 대해 끊임없이 반성하고 의문을 제기한다.

그런 점에서, 그의 시민성은 옳다고 생각한 것에 대해서는 반성의 여지 없이 그대로 행동에 옮긴 그리스 신화의 비극적 인물 안티고네의 저항적 시민성과는 다르며, 그의 비폭력적인 삶의 태도는 옳음을 위해 폭력도 불사한다는 미국의 시민운동가 소로의 시민성과도 다르다. 오히려 밀의 '열린 시민성'에 가장 가깝다고 볼 수 있다. 옳지 않은 행위는 절대 행하지 않으려 한 그의 삶은 인간의 삶과 죽음의 의미에 대한 새로운 통찰과 숙고의 계기를 마련해 준다.

30년 전까지만 해도 탄광에서는 깊은 갱도 곳곳에 새장을 두고 그 안에 카나리아 새를 넣어 두었다. 이 새는 이산화탄소에 민감하고 인간보다 유독 가스에 빠르게 반응하기 때문이다. 광부들은 갱도로 깊이 들어가다가 새장 속의 카나리아가 죽어 있는 것을 보면 더 이상 진입하지 않았다. 흔히 시대에 앞서 가서 오히려 죽음을 당하는 존재를 이 카나리아에 비유한다. 고대 그리스의 소크라테스가 그렇다. 오늘날에는 너무나 당연하게 모두가 누리는 표현의 자유 때문에 그는 죽임을 당했다. 그만의 '철학함'을 포기하라는 압력에 굴복하지 않았기 때문이다. 그의 도덕적 자율성은 인정받지 못했고 자격을 갖추지 못한 무지몽매한 다수의 횡포에 의해 생을 마감하게 되었으니까. 하지만 어쩌면 그의 비극적 죽음이 오늘날 그의 철학을 더 찬연히 빛나게 했는지도 모른다.

2) 정치적 포퓰리즘의 극복

아테네 민주주의는 대다수 시민들의 직접적인 의사 결정을 통해 성립된 민주주의였다. 하지만 교육 수준이 낮았기에 쉽게 선동가의 주장에 빠지거나 휩쓸리는 경향이 있었다. 그래서 정치인이 되기 위해서는 수사법을 배우기에 바빴고 소피스트들은 경제적 대가를 받고 그들을 가르치기도 했다. 시민들의 민도가 낮고 무지몽매한 시민들이 그럴듯하게 포장된 언사에 빠질 수밖에 없는 상황에서 민주적인 의사 결정 방식인 다수결은 결코 옳음을 보장할 수 없게 된다.

이것은 오늘날의 상황에서도 그다지 다르지 않다. 과거에 비해 광대한 영토, 다양한 인구 구성, 정보의 홍수 속에 오히려 정치적 무관심이 만연하고 있고, 정치적 선동가들은 여전히 핏대를 세우고 큰소리치고 있다.

어찌 보면 소크라테스는 당시 아테네에서 비판적 지식인이었다. 하지만 그는 정치계에서는 '왕따'였고 그 바람에 결국 정치적 희생양이 되었다. 그래서 오늘날 그의 생애는 우리의 가슴을 아프게 만드는 것인지도 모른다. 그는 민주주의를 표방한 독재 정치에 의해 죽은, 깨어 있는 철학자였고, 국가의 사회 질서 유지와 발전을 위해 표현의 자유를 억압하고 침묵을 강요하는 정치적 포퓰리즘(populism)의 희생양이었다.

그러면 여전히 존재하는 이러한 포퓰리즘을 극복할 수 있는 대안은 무엇일까? 그것은 소크라테스가 그토록 주장했던 열린 지성과 비판적 사고력의 함양이다. 소크라테스는 《변론》과 《크리톤》에서 그런 끊임없는 성찰과 반성을 통한 도덕적 자각, 도덕적 고양을 제시하고 있다. 민주 사회는 개방성과 비판적 지성을 특징으로 하는 사회여야 한다. 비판과 참여는 끊임없는 자기 개혁과 진보를 가능하게 하기 때문이다. 그런 차원에서 여론에 부화뇌동하지 않으면서 정사(正邪)와 진위(眞僞)를 가리고자 하는 비판적 사고와 자세가 책임 있는 민주 시민에게 반드시 필요하다.

아이러니하게도 플라톤을 전체주의자로 낙인찍었던 칼 포퍼가 행복을 늘리기보다 불행을 줄이는 사회를 제창했듯이, 그런 목표를 이루려면 훌륭한 정치인을 찾기보다 수사학에 열중하는 거짓된 정치인을 축출하는 일이 보다 중요할 것이다. 그런데 현대 사회는 과거 그 어느 때보다도 급속도로 변화하고 있으며 가치의 다원화가 이루어지고 있다. 이런 상황 속에서 인간은 스스로의 삶에 대해 성찰할 수 있는 여유를 점점 잃어 가고 있다.

따라서 소크라테스가 강조했던 것처럼 스스로의 삶을 돌아보며 반성하고 성찰하는 자세가 무엇보다 중요하다. 사회화를 통한 사회적 공동체 의식도 중요하지만 사회화를 통해 배우고 익힌 규범과 가치를 일정한 거리 두기를 통해 비판적으로 바라보고 올바른 규범과 가치를 자율적으로 정립하려는 노력 또한 절실하게 필요하다. 이러한 과정에서 필수적인 것이 열린 마음과 비판 정신이라 하겠다. 얼어붙은 낡은 사고와 싸우는 훌륭한 투사로 묘사된 소크라테스는 모든 것에 의문의 여지가 있다고 보고 열려 있는 사고로 모든 것에 대해 묻고 또 물음으로써 진리에 한 걸음 더 다가갈 수 있다고 확신했다. 특히 소크라테스가 강조한 대화, 토론을 통한 열린 지성은 오늘을 살아가는 우리에게도 시사하는 바가 크다. 또한 이러한 비판적 지성의 함양을 통해 현대 자유민주주의 사회에서도 문제가 되고 있는 정치적 포퓰리즘을 극복할 수 있을 것이다.

플라톤 연보

기원전 428년(427년)	플라톤은 5월 7일 아테네에서 태어났다. 아버지 아리스톤은 플라톤이 어릴 때 죽었는데, 어머니 페리크티오네는 숙부 퓌릴람페스와 재혼했다. 플라톤에게는 나이 차이가 많이 나는 형 아데이만토스와 글라우콘이 있었고, 누이 포토네가 있었다.
기원전 413년(14세)	가을에 시칠리아로 원정 나간 아테네 해군이 전멸당했다.
기원전 407년(20세)	비극 경연 대회에 참가하러 가던 플라톤은 소크라테스를 처음 만나 몇 마디 대화를 나누게 된다. 그 대화를 통해 자신을 부끄럽게 여기게 된 그는 직접 쓴 글을 불태워 버리고 소크라테스의 제자가 된다.

기원전 399년(28세)	소크라테스가 사형을 당한다. 플라톤은 큰 충격을 받고 이른바 편력 시대(遍歷時代)로 들어간다.
기원전 394년(33세)	코린토스 전쟁이 발발한다. 플라톤은 이 전쟁에 참가해서 혁혁한 공훈을 세웠다고 전해진다. 이 무렵 플라톤은 메가라, 타라스 등을 여행하며 견문을 넓혔다.
기원전 392년(35세)	시칠리아의 시라쿠사에 건너가서 참주 디오니시오스와 그의 처남 디온을 알게 된다. 이러한 편력은 40세까지 12년간이나 계속되었고, 그동안 소크라테스적 대화편을 많이 발표했다. 《변론》, 《크리톤》, 《프로타고라스》, 《고르기아스》, 《이온》 등이 그것이다.

기원전 387년(40세)	시칠리아 여행에서 돌아와 아카데미아 학원을 열어 조직적으로 철학의 공동 연구, 교육, 강의를 했다. 플라톤은 40세에서 60세까지 비교적 평온한 가운데 아카데미아에서 저작 활동과 교편 생활을 했을 것으로 짐작된다. 이 사이의 저작으로는 《파이돈》, 《향연》, 《국가》, 《테아이테토스》 등이 있다.
기원전 367년(60세)	시라쿠사의 디오니시오스 1세가 갑자기 죽자, 디온의 요청으로 시라쿠사로 가서 이상 국가를 실현해 보려고 한다. 그러나 플라톤이 염려했던 대로 반대파에 부딪쳐 실패하고, 1년 정도 붙들려 지낸 뒤 간신히 아테네로 돌아올 수 있었다.

기원전 361년(66세)	한편 추방당한 디온은 아카데미아에서 철학을 배웠다. 플라톤은 디오니시오스 2세의 요청으로 시라쿠사로 돌아갔다. 그러나 디온에 관한 일로 문제가 되어 플라톤은 생명의 위협까지 받는다.
기원전 360년(67세)	시라쿠사에 붙들린 플라톤은 이탈리아의 아르퀴타스에게 연락하여 구원을 요청했고, 그가 보낸 배로 간신히 아테네로 돌아올 수 있었다.
기원전 357년(70세)	이 같은 사실을 들은 디온은 크게 노하여, 아카데미아 학생들의 응원을 얻어 시라쿠사에 건너가서 혁명을 성공시킨다. 플라톤은 이 사실을 기뻐하며 앞으로 주의할 사항을 디온에게 써 보낸다.

기원전 353년(74세)   디온은 배신자의 흉검에 맞아 쓰러지고, 정권은 디온의 동지들 수중으로 들어간다. 이 시기(60세~80세) 플라톤의 저작으로는 《소피스테스》, 《필레보스》, 《티마이오스》, 《법률》, 《크리티아스》, 《서간집》 등이 있다.

기원전 347년(80세)   플라톤은 늙어서도 저작 활동을 계속했는데, 헤르미포스에 따르면, 이 해에 어느 결혼식 축하연에서 죽었다고 한다. 또 키케로에 따르면 글을 쓰다가 죽었다고도 한다.